Nicolas Teles

Customer Relationship Management (CRM) und CRM-Systeme

Gründe für das Scheitern und Vorschläge zur Optimierung von CRM-Systemen

GRIN - Verlag für akademische Texte

Der GRIN Verlag mit Sitz in München und Ravensburg hat sich seit der Gründung im Jahr 1998 auf die Veröffentlichung akademischer Texte spezialisiert.

Die Verlagswebseite http://www.grin.com/ ist für Studenten, Hochschullehrer und andere Akademiker die ideale Plattform, ihre Fachaufsätze und Studien-, Seminar-, Diplom- oder Doktorarbeiten einem breiten Publikum zu präsentieren.

Dokument Nr. V69871 aus dem GRIN Verlagsprogramm

Nicolas Teles

Customer Relationship Management (CRM) und CRM-Systeme

Gründe für das Scheitern und Vorschläge zur Optimierung von CRM-Systemen

GRIN Verlag

Bibliografische Information Der Deutschen Bibliothek: Die Deutsche Bibliothek verzeichnet diese Publikation in der Deutschen Nationalbibliografie; detaillierte bibliografische Daten sind im Internet über http://dnb.ddb.de/ abrufbar.

1. Auflage 2006
Copyright © 2006 GRIN Verlag
http://www.grin.com/
Druck und Bindung: Books on Demand GmbH, Norderstedt Germany
ISBN 978-3-638-88987-2

FACHHOCHSCHULE BIELEFELD

FACHBEREICH WIRTSCHAFT

Diplomarbeit

Customer Relationship Management

Nicolas Heinz Teles

Sommersemester 2006

Inhaltsverzeichnis

Inhaltsverzeichnis .... *I*
Abkürzungsverzeichnis * .... *III*
Abbildungsverzeichnis .... *IV*

1 Einleitung **1**
   1.1 Problemstellung 1
   1.2 Gang und Ziel der Arbeit 3

2 Customer Relationship Management (CRM) **5**
   2.1 Der Begriff des CRM 5
   2.2 Die Entstehung von CRM 7
   2.3 Die Komponenten eines CRM-Systems 9
      2.3.1 Operatives CRM 11
      2.3.2 Kooperatives CRM 12
      2.3.3 Analytisches CRM 13
   2.4 Database Marketing 13
      2.4.1 Data Warehouse 15
      2.4.2 On-Line Analytical Processing (OLAP) 16
      2.4.3 Data Mining 17
   2.5 Ziele des CRM 18
      2.5.1 Effekte des Managements der Kundenbeziehung 18
      2.5.2 Sicherheit 19
      2.5.3 Wachstum 20
      2.5.4 Rentabilität 20
   2.6 Möglichkeiten von CRM in Unternehmen 21

3 Kundenbindung **24**
   3.1 Definition von Kundenbindung 24
   3.2 Entstehung von Kundenbindung 25
      3.2.1 Zufriedenheit als Voraussetzung der Kundenbindung 25
      3.2.2 Vertrauen als Voraussetzung der Kundenbindung 27
      3.2.3 Die verhaltenstheoretische Betrachtung 28
      3.2.4 Kundenbindung nach Art der Bindung 29
   3.3 Kundenbindungsmanagement 32
      3.3.1 Strategien 32
      3.3.2 Instrumente der Kundenbindung 33

4 Gründe für das Scheitern von CRM-Systemen **39**
   4.1 Die strategische Perspektive 40
   4.2 Die personalpolitische Perspektive 41
   4.3 Die technologische Perspektive 42

5 Anforderung und Auswahl eines CRM-Systems **44**
   5.1 Anforderung an ein CRM-System 44
   5.2 Aufbau des Sollprofils 45
   5.3 Zusammenfassung der Ergebnisse 49

I

5.4	Auswahl eines CRM-Systems	50
6	***Die erfolgreiche Implementierung von CRM***	***52***
6.1	Entwicklung einer CRM - Einführungsstrategie	52
6.2	Planungsphase	56
6.3	Analysephase	57
6.4	Konzeptionsphase	60
6.5	Umsetzungsphase	61
6.6	Begleitendes Change Management	61
6.6.1	Mögliche Gründe für den Widerstand der Mitarbeiter	63
6.6.2	Handlungsempfehlungen zum Abbau von Widerständen	64
7	***Zusammenfassung***	***67***
	Literaturverzeichnis	***69***
	Bücher	69
	Lexika	74
	Internetquellen	74
	Zeitschriften	76

Abkürzungsverzeichnis *

CAS	Computer Aided Selling
CIM	Computer Integrated Manufacturing
CLV	Customer Lifetime Value
CRM	Customer Relationship Management
CTI	Computer Telephony Integration
EDV	Elektronische Datenverarbeitung
ERP	Enterprise – Resource – Planning
IT	Informationstechnologie, -technik
MIS	Management Informationssystem
MS	Microsoft
OLAP	On-Line Analytical Processing
PC	Personal Computer
SCM	Supply Chain Management
SPSS	Statistical Product and Service Solution
WWW	World Wide Web
WAP	Wireless Application Protocol

* Die wissenschaftlich gängigen Abkürzungen werden im Folgenden nicht aufgeführt.

Abbildungsverzeichnis

Abb. 1 Komponenten einer CRM Lösung 11

Abb. 2 Kano-Modell 27

Abb. 3 Einbindung/Aufgabe des Kundenbindungsmanagements im CRM 32

Abb. 5 Mögliche Reaktionsformen auf Kunden(un)zufriedenheit   36

Abb. 7 Mehrwert durch Cross-Selling 38

Abb. 8 Das Neunerfeld 54

Abb. 9 Potenzial und Potenzialklassen 55

Abb. 10 Klassifizierungswürfel 56

1 Einleitung

1.1 Problemstellung

Der verschärfte Wettbewerb in globalen Märkten und zunehmende Umsatzrückgänge in den Unternehmen waren der Ausgangspunkt für Überlegungen, wie Geschäftserfolge langfristig durch verbesserte Kundenbeziehungen gesichert werden können. Kein anderer Bereich in einem Unternehmen ist einem regelmäßigen Erfolgsdruck so ausgesetzt wie der Vertrieb. Woran kann es liegen?[1]

Die Stagnation auf den Märkten führt in vielen Branchen zu einem Verdrängungswettbewerb. Der regelmäßige Druck, in kurzen Zeiträumen immer wieder marktfähige, vom Kunden akzeptierte Produkte zu liefern, ist gewaltig gestiegen. Auch die hohe Qualität des Produktes wird heute als selbstverständlicher Grundnutzen angesehen. Die Profilierung über das Kernprodukt ist kaum noch möglich. Es müssen individuelle ausgerichtete Zusatzleistungen angeboten werden. Neu aufkommende Absatzkanäle wie E-Commerce[2] und die dadurch zunehmende Markttransparenz erschweren zusätzlich die Lage, Kunden an das eigene Unternehmen zu binden. Daher ist es schwierig, sich von den Wettbewerbern abzusetzen. Eine Differenzierung erscheint somit nur noch über die Pflege der Beziehung zu seinen Kunden möglich zu sein.[3] Dieses sollte nicht als Last, sondern als eine große Chance angesehen werden. Denn wie ein Sprichwort sagt: „Beziehungen schaden nur dem, der keine hat".[4]

In den letzten Jahren war eine Veränderung zu spüren. Ein Paradigmenwechsel des Massenmarketings vollzog sich. Nach dem so genannten „Gießkannenprinzip"[5] wurden wahllos Kunden mit Werbebotschaften überflutet. Streuverluste entstanden und eine optimale Marktbearbeitung wurde verhindert. Diese veraltete Betrachtungsweise soll gegen Maßnahmen des Direktmarketings ausgetauscht werden, denn „Massenmarketing beruht auf dem Trugschluss eines unendlichen Marktes mit unendlich hochrechenbaren Auftragserfolgschancen".[6]

Hier ist eine zielgerechtere Vorgehensweise angebracht. Produkte lassen sich nicht mehr so leicht an den Kunden bringen. Statt Kunden für Produkte heißt es mittlerweile Produkte für

---

[1] Vgl. [Acke01a, S. 5].
[2] E-Commerce = Elektronischer Handel, auch Internetverkauf oder Virtueller Marktplatz.
[3] Vgl. [Kehl01, S. 253–273].
[4] Vgl. [FAZ05].
[5] Vgl. [Dude04, S. 424 f.] Etwas nach dem Gießkannenprinzip (unterschiedlich, willkürlich) verteilen.
[6] Zitat [Wink05, S. 197].

1 Einleitung

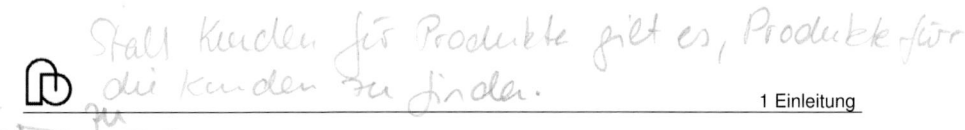

Kunden finden.[7] Anstelle eines großen Kundenstamms empfiehlt es sich heute eher wenige, dafür aber lohnende Kunden zu besitzen. Der einmalige Verkauf eines Produktes oder Dienstleistung soll daher nicht als Abschluss eines Geschäftes, sondern als Beginn einer möglichst langfristigen und profitablen Kundenbeziehung verstanden werden[8], um darüber hinaus einen Wettbewerbsvorteil gegenüber der Konkurrenz erzielen zu können.

Auf diese Art wird in zunehmendem Umfang das verbreitete transaktionsorientierte Marketing, bei dem der Akquisitions-, der Verkaufs- und der Serviceprozess im Vordergrund stehen, durch ein beziehungsorientiertes Marketing, das auf die langfristige Erhaltung der Kundenbeziehung fokussiert ist, abgelöst.[9]

So hat ein Unternehmen, unabhängig von der jeweiligen Branche, die Aufgabe, den Kunden in den Mittelpunkt seines Interesses zu rücken. Daher sehen sich Unternehmen unter Zuhilfenahme von modernen Instrumenten veranlasst, ihre Kunden bedarfsgerecht und individuell anzusprechen, um auf diese Weise eine langfristige und profitable Stellung am Markt zu erzielen.

Hilfreich dazu ist der Einsatz des Customer Relationship Management (CRM)[10]. CRM ist eine ganzheitliche, strategische Unternehmensphilosophie, die den systematischen Aufbau und die konsequente Fortführung von Kundenbeziehungen in den Mittelpunkt der Geschäftsprozesse stellt. Es betrifft alle Unternehmensbereiche mit Kundenkontakt, vor allem Marketing, Vertrieb und Service und sollte sämtliche Kommunikationskanäle, die den Kunden betreffen, zusammenführen.

Insofern handelt es sich zunächst nicht nur um ein Softwareprodukt, wie viele Unternehmen glauben, obwohl diese ohne die Unterstützung eines IT-Systems vielfach nicht auskommen. Das CRM-System sollte lediglich als Instrument dienen, um das Ziel zur Planung und Gestaltung einer profitablen Kundenbeziehung zu erreichen.

Leider erfüllen die meisten CRM-Systeme diesen Anspruch nicht, da sie zwar Prozesse wie beispielsweise Besuchsberichte oder die Angebotserstellung automatisieren können, aber das eigentliche Ziel der Gestaltung von Beziehungen zu Kunden, auch vor dem Hintergrund der Aktivitäten der Wettbewerber, nicht unterstützen.[11]

---

[7] Vgl. [Rapp05, S. 41].
[8] Vgl. [Meff00, S. 328].
[9] Vgl. [Hipp04, S. 180].
[10] CRM = Kundenbeziehungsmanagement.
[11] Vgl. [Acke06].

1.2 Gang und Ziel der Arbeit

Die einführenden Bemerkungen verdeutlichen die gesteigerte Relevanz der Kundenorientierung und Kundenbindung. Auf Grundlage einer kundenorientierten Ausrichtung sollen langfristige Kundenbeziehungen aufgebaut und gepflegt werden. Um dies zu erreichen, bietet das Customer Relationship Management eine Möglichkeit zur Unterstützung bei dieser Aufgabe.

In Kapitel 2 werden dazu theoretische Grundlagen von CRM vermittelt. Vorab wird eine Definition von CRM gegeben, um auf diese Weise eine erste Vorstellung zu bekommen, was unter CRM verstanden werden kann. Des Weiteren werden in diesem Kapitel die Komponenten eines CRM-Systems und analytische Informationssysteme dargestellt und erläutert. Daran anschließend werden wichtige Ziele und Möglichkeiten von CRM aufgeführt.

Das Kapitel 3 beschreibt die Kundenbindung im Bezug zu CRM. Es wird zunächst auf verschiedene Definitionen der Kundenbindung eingegangen. Im Anschluss daran werden Voraussetzungen und verschiedene Ansätze zur Entstehung von Kunden-bindung aufgezeigt und erklärt. Anschließend werden Strategien und Instrumente gezeigt.

Kapitel 4 geht auf mögliche Gründe für das Scheitern von CRM-Systemen aus verschiedenen Perspektiven ein. Durch die unterschiedlichen Ansichten soll verdeutlicht werden, dass eine Einführung eines CRM-Systems nicht nur der bloße Kauf einer CRM-Software, sondern ein komplexes Projekt darstellt, das ein ganzes Unternehmen verändern kann. Werden die Gründe für ein mögliches Scheitern behoben, ist dadurch noch nicht gewährleistet, dass ein CRM-System den Unternehmen auch hilft, die Beziehung zu seinen Kunden und Interessenten zu verbessern und erfolgreicher zu sein als mögliche Wettbewerber.

Aus diesem Hintergrund wird dazu im Kapitel 5 ein Soll-Profil entwickelt, um notwendigen Anforderungen und Auswahl eines CRM-System aufzuzeigen und zu verdeutlichen, was ein CRM-System strategisch und taktisch leisten muss. Es soll gezeigt werden, dass viele Systeme dem eigentlichen Zweck, einer Verbesserung der strategischen Planung und Gestaltung der Kundenbeziehung, vielfach nicht genügen und infolgedessen einen wesentlichen Grund für das Scheitern darstellen.

In Kapitel 6 wird anhand eines Phasenmodells beispielhaft gezeigt, wie ein CRM-System in einem Unternehmen erfolgreich implementiert werden kann. Anschließend erfolgt ein kurzer Einblick in das Change Management im Rahmen eines CRM-Projektes.

Das Ziel dieser Diplomarbeit besteht darin, zum einen die Gründe für das häufige Scheitern von CRM-Systemen zu ermitteln und zum anderen ein Soll-Profil anzufertigen, um damit aufzuzeigen, was CRM-Systeme strategisch leisten müssen, um Kundenbeziehungen erfolgreich gestalten zu können. Darüber hinaus werden Ansatzpunkte zur Optimierung einer CRM-Implementierung dargestellt.

2 Customer Relationship Management (CRM)

Zu Beginn wird auf die Grundlagen und Komponenten des CRM eingegangen. Angesprochen werden die Entstehungsgeschichte und einzelne besondere Merkmale des CRM. Abschließend werden organisatorische und technologische Eigenschaften näher erläutert.

2.1 Der Begriff des CRM

CRM ist ein Begriff, der sehr stark in Mode gekommen ist und sich immer größerer Beliebtheit erfreut. Es basiert auf den Erkenntnissen, dass langfristige Kundenbeziehungen in heutiger Zeit beträchtlichen Einfluss auf den Erfolg eines Unternehmens haben können. Daher orientieren sich vermehrt Unternehmen eng an den Kunden und stellen ihn in den Mittelpunkt. Primäres Ziel von CRM ist es, die Kundenzufriedenheit und -loyalität zu erhöhen und die breite Masse der Abnehmer zu teilen, um die Wünsche ausgewählter Zielgruppen oder sogar der Einzelkunden besser zu befriedigen und dadurch eine langfristige Kundenbeziehung aufzubauen.

Vielfach befassen sich CRM-Projekte in Unternehmen allerdings nicht mit dem Management der Kundenbeziehung selbst, sondern konzentrieren sich vielmehr auf die entsprechenden informationstechnologischen Voraussetzungen.[12]

So führt die Werbung vieler Softwarehersteller mit dem Begriff CRM dazu, dass bei einigen Entscheidern die Vorstellung entsteht, die Nutzung durch eine CRM-Software reiche aus, um eine Garantie für eine höhere Kundenbindung und damit gute Kundenbeziehungen zu erhalten.[13] Jedoch besteht eine Kundenbeziehung nicht aus Bits und Bytes, sondern zwischen Menschen. Daher braucht es noch etwas mehr als nur ein Softwaresystem. Beim Customer Relationship Management geht es um das Gestalten von Beziehungen und nicht nur um das lediglich Pflegen von Information bzw. Daten von Kunden. Diesem Anspruch genügen die meisten CRM-Systeme nicht, da sie das eigentliche Ziel der Gestaltung von Kundenbeziehung verfehlen.

Diese vermittelte Vorstellung der Software-Anbieter ist auch der Grund, wieso CRM mit einem CRM-System gleichgesetzt wird. So soll die alleinige Bestimmung des CRM-Systems in der Sammlung und Auswertung von Kundendaten sowie in der Automatisierung kundenbezogener Prozesse liegen. Es ist nicht zu dementieren, dass moderne IT-Systeme

---

[12] Vgl. [Homb03, S. 426].
[13] Vgl. [Holl01, S. 13].

das Management von Kundenbeziehungen fördern können. Eine einseitige IT-Ausrichtung birgt allerdings die Gefahr, die notwendigen Rahmenbedingungen wie Kundenzufriedenheit, Kundenwissen, Kundenwert bis hin zur Kundenbindung für eine erfolgreiche CRM-Umsetzung im Unternehmen unbeachtet zu lassen.[14]

Der „klassische" Marketingansatz, der auf Kundenakquisition, einmalige Kaufaktionen und Bedienung von Massenmärkten abzielt, erscheint folglich nicht mehr zeitgemäß und unbrauchbar. CRM ist zu verstehen als ein strategisches Instrument, mit dem eine ganzheitliche Organisation, Bedienung und Durchführung aller interaktiven Prozesse mit den Kunden erreicht wird. Das gesamte Unternehmen und der gesamte Customer Lifetime Value (CLV)[15] werden von CRM erfasst. Impliziert wird darüber hinaus die dazugehörige CRM-Software als System, welches all das lenken und kontrollieren soll.[16]

So ist CRM ein umfassendes Thema und kaum in einigen Worten erklärbar. Obwohl es schon seit einigen Jahren bekannt ist, gibt es noch keine allgemeingültige Definition.

Der Deutsche Direktmarketing Verband (DDV) hat ein Forum CRM gegründet, das sich auf folgende Definition als Arbeitsgrundlage geeinigt hat:
„Customer Relationship Management ist ein ganzheitlicher Ansatz zur Unternehmensführung. Dieser integriert und optimiert auf der Grundlage einer Datenbank und Software zur Marktbearbeitung sowie eines definierten Verkaufsprozesses abteilungs-übergreifend alle kundenbezogenen Prozesse in Marketing, Vertrieb, Kundendienst, Forschung und Entwicklung u. a. Zielsetzung von Customer Relationship Management ist die gemeinsame Schaffung von Mehrwerten auf Kunden- und Lieferantenseite über die Lebenszyklen von Geschäftsbeziehungen. Das setzt voraus, dass CRM-Konzepte Vorkehrungen zur permanenten Verbesserung der Kundenprozesse und für ein berufslebenslanges Lernen der Mitarbeiter enthalten".[17]

Aus der Definition des DDV geht hervor, dass CRM primär eine strategische, unternehmensübergreifende Philosophie darstellt. Die Umsetzung wird dabei durch entsprechende Software-Tools eines CRM-Systems unterstützt.
CRM ist deutlich von CAS (Computer Aided Selling) abzugrenzen. CAS ist ein System, das ursprünglich den Einsatz mobiler Computer zur Unterstützung der Aufgaben im Außendienst beinhaltete, um auf diesem Weg dessen Wirtschaftlichkeit und somit des gesamten Verkaufs

---

[14] Vgl. [Hipp04, S. 15].
[15] Customer Lifetime Value = Kundenwert / Kundenlebenszyklus.
[16] Vgl. [Holl01, S. 13–14].
[17] Zitat [DDV06].

zu erhöhen. Aufgrund dieses Verständnisses wird auch von einem Computer Aided Selling-System gesprochen. CAS-Systeme wickeln Vorgänge der Kundengewinnung und Kundensicherung einschließlich der Auftragsbearbeitung ab, der Fokus ist folglich dem Verkaufsprozess gewidmet. CRM dagegen unterscheidet sich durch eine eindeutige Integration der Marketing-, Vertriebs- und Serviceprozesse und den systematischen Aufbau und die Pflege der Kundenbeziehung.[18]

Eine Benutzung moderner Informations- und Kommunikationstechnik kann den Einsatz von CRM maßgeblich unterstützen. Moderne Servicekonzepte, wie z. B. ein WWW-Server oder WAP-Portal, unterscheiden sich lediglich in der Art der Interaktion zwischen Unternehmen und Kunden. Für diesen Bereich hat sich der Begriff eCRM (electronic Customer Relationship Management) durchgesetzt. E-CRM stellt jedoch keinen Ersatz, sondern lediglich eine Ergänzung zum klassischen CRM dar.[19]

2.2 Die Entstehung von CRM

Für jedes Unternehmen sind Beziehungen zu Kunden als existenziell anzusehen, da sich durch den steigenden Innovationsdruck bzw. intensiveren Wettbewerb der Stellenwert der Kundenbeziehungen deutlich verändert hat.[20] Früher stellte sich die Frage, wie in kurzer Zeit viele Produkte zu einem möglichst hohen Preis verkauft werden können; jetzt besteht das Problem, dass die Märkte für viele Produkte und Dienstleistungen gesättigt sind. Im Zuge der Globalisierung sind neue Bezugs- und Informationsquellen entstanden. Dadurch ist eine zunehmende Individualisierung des Kundenverhaltens und damit abnehmende Kundenloyalität zu beobachten.[21]

Die vom Kunden lang erhoffte „Tante-Emma-Laden"-Beziehung könnte durch den Einsatz von CRM wieder aufleben. Zur Verdeutlichung: Bereits beim Betreten des Ladens wurde der Kunde freundlich empfangen: „Guten Tag, Herr Meier, was darf es denn heute sein? Ich habe frische Orangen aus Spanien, die mögen Sie doch so gern!". Wer würdigt eine solche Behandlung nicht? Diese Art von Geschäftsgattung ist heute fast ausgestorben, doch an diesen einfachen Strukturen wird deutlich, wie CRM funktioniert.
Der Kunde wurde persönlich begrüßt, die Produkte waren fast immer vorrätig und nebenbei ergab sich ein angenehmes Gespräch – der Kunde fühlte sich wohl. Zusätzlich wurde dem Kunden z. B. eine Zeitschrift mit einem aktuellen Report über Angeln gezeigt, da der Verkäufer wusste, es könnte ihn interessieren.

---

[18] Vgl. [Schu02, S. 13] und [Wink04, S. 296].
[19] Vgl. [Schu02, S. 53–54].
[20] Vgl. [Kotl01, S. 1024].
[21] Vgl. [Frös01, S. 6].

Daraus kann folgender Mehrwert für den Kunden hergeleitet werden:

- dass er ausschließlich Angebote bekommt, die ihn interessieren, und
- eine angenehme Einkaufsatmosphäre.

Für den Verkäufer ergeben sich:

- eine starke Kundenbindung – der Kunde kommt wieder,
- Cross Selling / Up Selling[22] – der Kunde kauft mehr, als auf seiner Einkaufliste steht,
- alle Informationen, die er benötigt, waren im Kopf, er musste diese nicht suchen oder sich von anderen Mitarbeitern besorgen.

Möglich wurde dieses individuelle Eingehen auf die Vorlieben zum einen durch die regelmäßige Unterhaltung mit dem Kunden in der Vergangenheit, zum anderen ist das Erinnerungsvermögen des Verkäufers Voraussetzung für die persönliche Behandlung der Kunden.[23] Der Verkäufer hatte einen überschaubaren Kundenkreis und bediente im Laden allein. Er wusste über alle Vorgänge der Kunden Bescheid und konnte auf jede neue Situation schnell und richtig reagieren.

Trotz Kenntnis des sich verändernden Kundenselbstverständnisses reagieren Unternehmen nur marginal darauf. Sie arbeiten im Gegenteil weiterhin mit den Werk-zeugen des Massenmarketings und wundern sich, dass ihre Strategien und Marketing-ziele wenig Anklang finden. Exakt hier kann das CRM eingreifen[24], um die Idealsituation des Kundenkontaktes in den heutigen Alltag zu übersetzen und mit individuellen Verkaufsargumenten zu verknüpfen. Dadurch kann eine zielgerichtete und individuelle Beziehung mit dem Kunden verwirklicht werden. Alle Mitarbeiter des Unternehmens haben zu jeder Zeit Zugriff auf dieselben umfassenden Kundeninformationen – für einzelne Situationen, oder gesammelt als Auswertung. Dadurch können Arbeitswege verkürzt und Produktinformationen zur Verfügung gestellt werden, so dass das Unternehmen dem Wettbewerb immer einen Schritt voraus bleibt.

Das Konzept des CRM wurde weitestgehend an den Universitäten von Atlanta, Cranfield und Stockholm ausgearbeitet. Gründe dafür waren die Bedenken hinsichtlich der Beständigkeit des traditionellen Marketingansatzes und die zunehmende Bedeutsamkeit langfristiger Kundenbeziehungen. Der Vergleich zwischen dem CRM-Ansatz und anderen Kundenbindungsmodellen zeigt einen deutlichen Abstand. Dieser Abstand ist durch die

---

[22] Siehe dazu auch Kapitel 3.3.2.2. Cross Selling bezeichnet im Marketing den Verkauf passender, ergänzender Produkte oder Dienstleistungen, Up Selling versucht dagegen, eine bessere Variante eines Produkts oder einer Dienstleistung zu verkaufen.
[23] Vgl. [Serv06].
[24] Vgl. [Rapp05, S. 33].

kundenprozessorientierte Sicht des CRM-Ansatzes und auf einen langfristig generierenden Ansatz des Unternehmenswertes begründet. „Statt Kunden für Produkte gilt es, Produkte für die Kunden zu finden."[25]

In den 80er Jahren war Arbeitsteilung eher weit ausgeprägt und mit Lochkarten-Typistinnen, Angebots-Schreibdiensten, Fakturistinnen und einer Menge an Bürogehilfinnen für allgemeine Tätigkeiten wie Registratur, Postdienst besetzt.[26] Zum Ende der 80er Jahre folgte der Start des ersten mobilen Personal Computer (PC) im Vertrieb. Diese PCs unterstützten die Außendienstler dabei, Angebote zu erstellen, Aufträge entgegenzunehmen oder Kundenbesuche zu dokumentieren. Primäre Aufgabe so genannter CAS-Systeme waren die Senkung der Kosten im Vertrieb und Reduktion der Zeit im Büro, um effektiver im Außendienst agieren zu können. Derweil übernimmt ein CAS-System eine größere Kontroll- und Steuerungsfunktion für die kundenspezifischen Geschäftsprozesse. Das spiegelt sich auch in dem Begriff CRM wider. Zu den erwähnten Zielen soll darüber hinaus die Konkurrenzfähigkeit des Unternehmens durch eine intensivere Kundenorientierung erhöht werden. Dies wird realisiert, indem die mit den Bereichen des Marketings, Vertriebs und Kundendienstes verbundenen Mitarbeiter interagieren.[27]

Angesichts dieser Tatsache hat sich die Art der Kundenbetreuung und Kundenakquisition der Unternehmen, wie auch die Strategien dazu, enorm gewandelt. Die Unternehmen reagieren auf diese geänderte Marktsituation mehr und mehr durch eine konsequente Ausrichtung der gesamten Wertschöpfungskette und damit der Unternehmensorganisation auf den Kunden. Der Verkauf eines Produktes oder einer Dienstleistung wird nicht mehr als Abschluss eines Geschäftes, sondern als Beginn einer möglichst langfristigen Beziehung verstanden.[28]

2.3 Die Komponenten eines CRM-Systems

Die grundlegende Basis für eine erfolgreiche Koordination der einzelnen Kundenschnittstellen sowie eine Differenzierung in der Ansprache des Kunden liegt nicht nur im Aufbau einer integrierten Kundendatenbank, sondern auch in der konsequenten Überführung der gesammelten Informationen in wertvolles Wissen über den Kunden. Vor Einführung eines CRM-Konzepts ist die IT-Landschaft in den meisten Unternehmen durch viele Insellösungen geprägt. Besonders in den Bereichen Marketing, Vertrieb und Service befinden sich historisch gewachsene Systeme wie z. B. Call Center, Marketing Supports und

---

[25] Vgl. [Rapp05, S. 40 f.].
[26] Vgl. [Wink05, S. 50].
[27] Vgl. [Kotl01, S. 1043].
[28] Vgl. [Meff00, S. 328].

Analysesysteme, die keine zusammenhängende Sichtweise auf bestehende Kundeninformationen ermöglichen. Um Konsistenz und Aktualität der Kundendaten zu gewährleisten, steuern CRM-Systeme genau diese Insellösungen an. Die Anwendungen aus dem Frontoffice (Marketing, Vertrieb und Service) und verschiedenen Kommunikationsmittel (z. B. Internet, Telefon) werden in eine Systemlandschaft integriert.[29]

Darüber hinaus kann betriebswirtschaftliche Standardsoftware (z. B. ERP[30]-Systeme, CIM[31]-Systeme etc.) über Schnittstellen aus dem Backoffice an ein CRM-System angebunden werden. Dadurch entsteht lediglich eine (logische) Datenbank, über die jeder Unternehmensbereich Zugriff auf einzelne Kunden oder Kundengruppen hat. Durch die Zusammenführung der Anwendungen im Rahmen eines CRM-Projekts wird eine einheitliche Kundensicht erzeugt. Diese dient den Mitarbeitern als Unterstützung für den Kundenkontakt sowie als Grundlage für Entscheidungen. Es bedeutet aber auch, dass alle Kommunikationskanäle zwischen Kunden und Unternehmen eingebunden werden müssen. Nur so ist eine Zusammenführung und Auswertung aller kundenbezogenen Informationen möglich.[32]

Der Zusammenhang zwischen dem Front- und Backoffice wird in nachstehender Grafik abgebildet.

---

[29] Vgl. [Helm03, S. 12].
[30] ERP = Enterprise-Resource-Planning.
[31] CIM = Computer Integrated Manufacturing.
[32] Vgl. [Helm03, S. 13].

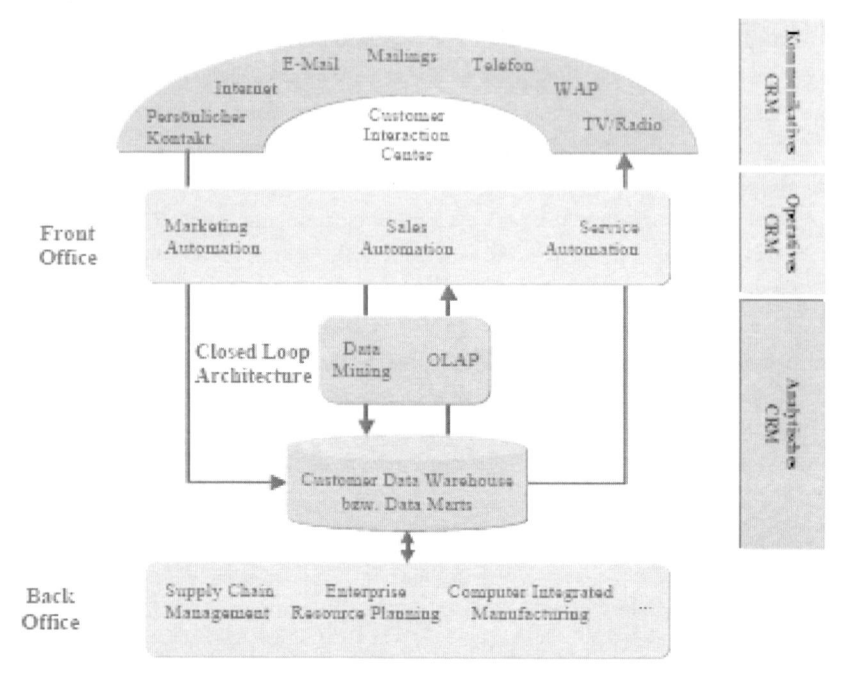

Abb. 1: Komponenten einer CRM-Lösung[33]

2.3.1 Operatives CRM

Das operative CRM umfasst alle Bereiche, die im direkten Kundenkontakt stehen (Frontoffice). Im Fokus liegen die direkte Interaktion zwischen dem Kunden und der Unternehmung und die Verbesserung der Geschäftsabläufe in den Abteilungen Marketing, Vertrieb und Service.[34]
Ferner beinhalten operative CRM-Lösungen Marketing-, Vertriebs- und Service-Automation.

Aufgabe der *Marketing Automation* ist die zielgerichtete Steuerung und Unterstützung der kundenbezogenen Geschäftsprozesse im Marketing.[35]

Wichtige Anwendungen dabei sind:
- Kampagnenmanagement
- Kundenanalyse
- Marketing-Wirkungsanalysen

---
[33] Vgl. [Helm03, S. 14].
[34] Vgl. [Holl04, S. 203].
[35] Vgl. [Wild03, S. 20 ff.].

Zum Kampagnenmanagement gehören die Funktionen zur Planung, Durchführung und Kontrolle von Marketingmaßnahmen. Mit Kundenanalysen werden Kunden aufgrund verschiedener Kriterien ausgewählt, z. B. für Mailing im Direktmarketing. Wirkungsanalysen sind ein Instrument für Mitarbeiter im Marketing, um die Effektivität von Marketingmaßnahmen zu kontrollieren, beispielsweise wie hoch die Akzeptanz der ausgewählten Kommunikationskanäle ist. Dies kann durch den Rücklauf des Kunden analysiert werden.

Durch *Sales Automation* werden Planungs- und Administrationsaufgaben des Vertriebes unterstützt. Um dem Kunden jederzeit kompetent Auskunft über zurückliegende Vorgänge geben zu können, muss der Vertriebsmitarbeiter Zugriff auf Angaben zu Anfragen, Angeboten, Aufträgen, aber auch zu Serviceleistungen und Reklamationen haben.

Service Automation stellt Funktionen bereit, die zur Lösung von Kundenproblemen und Beschwerden benötigt werden. Das können zum einen das Call Center im Innendienst und zum anderen der Kundenservice im Außendienst sein.
Zur Unterstützung der Informationsflüsse im Frontoffice ist ein integriertes Lösungskonzept unabdingbar. Ein operatives CRM-System sollte sämtliche Bereiche von der Kundengewinnung (Marketing) über den Vertrieb bis hin zur Kundenbindung (Service) abdecken. Ferner muss ein operatives CRM an eine Back-Office-Lösung abgebunden werden, um gegenüber seinen Kunden verlässliche Aussagen treffen zu können.[36] Die notwendigen EDV-Systeme, inklusive hinreichender Vernetzung der Anwender, sind Bestandteil eines operativen Systems.

2.3.2 Kooperatives CRM

Das kooperative[37] CRM beinhaltet alle Maßnahmen zur Lenkung und Synchronisation der Vertriebskanäle und trägt den Vorteil der angenehmen Interaktion mit den Vertriebspartnern. Aufgrund der Tatsache, dass die Kommunikationskanäle immer ausgedehnter werden, hat der Kunde die Möglichkeit, nach seinem Belieben einen dieser Kanäle zu nutzen. Das kooperative CRM führt alle Kommunikationskanäle zusammen, um einen kompletten Überblick auf die Kunden zu gewährleisten und den Anforderungen gerecht zu werden. Dieser Ansatz dient der Lenkung, Erhaltung und Synchronisation aller notwendigen Schnittstellen wie z. B. auch das Internet, Mailing oder Telefonie.[38]

---

[36] Vgl. [Hipp06, S. 48].
[37] In der Literatur oft auch bekannt als kollaboratives oder kommunikatives CRM.
[38] Vgl. [Wink05, S. 211].

Ziel des kooperativen CRM ist weitestgehend die direkte One-to-One-Kommunikation mit dem Kunden. Da alle Kundenanfragen in dieses Gebiet des CRM fließen, ist u. a. auch ein effizientes Beschwerdemanagement ein Teil dessen.

Ein weiteres Ziel ist, widerspruchsfreie Informationen und Servicelevel über alle Kommunikationskanäle hinweg bereitzustellen. Die erforderliche technische Voraussetzung der Portale entfaltet sich rasant. Ein Portal ist ein Zugang an das IT-System des Unternehmens. Der Inhalt des Portals beschreibt ein Profil gemäß der Stellenbeschreibung des Portal-Nutzers. So stehen einem Mitarbeiter aus dem Vertrieb standardmäßig andere Inhalte zur Verfügung als jemandem aus dem Controlling; wobei eine individuelle Konfiguration der Ansicht möglich ist. Portale werden sowohl für Mitarbeiter als auch für Kunden, Lieferanten und Partner eingesetzt.[39]

2.3.3 Analytisches CRM

Beim analytischen CRM steht die Erfassung, Aufbereitung und Auswertung der verfügbaren Kundendaten im Vordergrund. In einer relationalen Datenbank (Data Warehouse[40]) werden alle kundenspezifischen Informationen aus den unterschiedlichen operativen Systemen gesammelt. Um die Daten des Data Warehouse zu nutzen, wird das Instrument Data Mining[41] eingesetzt. Es hilft, signifikante Korrelationen bei den Kundendaten aufzuspüren. Mit Hilfe von OLAP[42] (Online Analytical Processing) werden die Daten analysiert. Aus der Basis der Daten lassen sich aussagekräftige Reports und Statistiken für eine individuelle Kundenbearbeitung generieren. Auf diese Weise wird eine erhöhte Kundenzufriedenheit, Kundenbindung und Umsatzsteigerung angestrebt.[43]

Die Informationen, die im analytischen CRM gewonnen werden, fließen wieder an die Frontoffice-Abteilungen des operativen CRM zurück. (Closed Loop[44]) Die neu gewonnenen Erkenntnisse tragen dazu bei, zielgerichtete Marketingkampagnen planen und starten zu können.[45]

2.4 Database Marketing

Das Database Marketing (datenbankgestütztes Marketing) nimmt in CRM-Systemen eine bedeutende Rolle ein. Durch den zielgerichteten Einsatz von Informationen beliebiger Datenbanken unterstützt es die Marketingfunktionen. Unter Nutzung sowohl interner als auch

---

[39] Vgl. [Mart06].
[40] Siehe hierzu Kapitel 2.4.1.
[41] Siehe hierzu Kapitel 2.4.3.
[42] Siehe hierzu Kapitel 2.4.2.
[43] Vgl. [Holl04, S. 204 f.].
[44] Vgl. [CRM06] Unter einem Closed Loop versteht man im Marketing (teil-)automatisierte Betreuungskreisläufe, die, abhängig vom „Bewegungs- und Transaktionsverhalten" eines Kunden, Folgeschritte einleiten, um diesen einen speziellen Kunden mit der für ihn vorab festgelegten Betreuungsleistung zu versorgen.
[45] Vgl. [Wink05, S. 211].

externer Datensammlungen dient es daher der Planung, Steuerung und Kontrolle der Marketingaktivitäten. Den Unternehmen ist es aufgrund der vorhandenen Datenbasis nun möglich, Geschäftsbeziehungen mit Kunden zu analysieren, den Bedarf bei bestehenden und potenziellen Konsumenten zu identifizieren und Bedürfnisse zu wecken. Die Existenz einer Datenbank stellt eine wesentliche Voraussetzung für den Einsatz des CRM dar. Die Zielsetzung des Database Marketings ist:[46]

- Einen individuellen Kundendialog zum Aufbau respektive zum Erhalt einer langfristigen Kundenbeziehung etablieren
- Potenziale systematisch erkennen
- Geeignete Zielgruppen binden
- Cross-Selling verstärken
- Abschlussquoten bei der Kundengruppenansprache erhöhen kontinuierliche Verfeinerung der Kundenansprache
- Neukunden gewinnen

Die Basis für ein effizientes Management der Kundenbeziehung liefern die Ergebnisse des Database Marketings. Die vollständige Verfügbarkeit eines umfassenden Kundenprofils erleichtert Kundenabfragen und Transaktionen im Frontoffice. Moderne Systeme können aus den Analysen generierte, modellgestützte Verkaufsvorschläge als Cross-Selling-Unterstützung anbieten. Die Verwendung von Profitabilitäts- und Risikoanalysen unterstützt z. B. den Berater bei Preisverhandlungen.[47]

Es ergeben sich vielfältige Anwendungsmöglichkeiten, womit dem Unternehmen ein zielsicherer Einsatz ermöglicht wird. Die Kunden können durch Direktmarketinginstrumente wie Mailing, Telefonkontakt individuell mit Werbung angesprochen werden. Spezielle Vorlieben lassen sich in Angeboten berücksichtigen, um eine langfristige Kundenbindung zu erreichen. Von der Neukundenakquisition bis hin zur Erfolgskontrolle werden fast alle Aufgaben des Direktmarketings abgedeckt.

Das Database Marketing ist daher ein bedeutendes Hilfsmittel bei der Vertriebssteuerung, da Voraussetzungen für eine effiziente Koordination und Erfolgskontrolle der Medien im Direktmarketing geschaffen werden.[48]
Das Ziel des Database Marketings besteht darin, eine möglichst individuelle Kundenbeziehung mit einer großen Anzahl von Kunden aufzubauen und gezielt weiterzuentwickeln. Durch den Einsatz der Datenbank erlangen zum einen die Mitarbeiter

---
[46] Vgl. [Jako01, S. 9].
[47] Vgl. [Jako01, S. 22].
[48] Vgl. [Holl04, S. 107].

mehr Sachverständigkeit im Umgang mit Kundenkontakten, zum anderen profitiert von der Datenbank auch die Unternehmensleitung bezüglich Entscheidungen des Managements. Diese Entscheidungshilfen werden durch die Entwicklung des Data Warehouse vertieft.[49]

2.4.1 Data Warehouse

Ein Data Warehouse ist eine wichtige Komponente moderner unternehmensweiter Informationssysteme und bildet die Wurzel für entscheidungsunterstützende Systeme. Es ist eine explizit für die Entscheidungsfindung erstellte relationale Datenbank, in die Informationen aus älteren operationalen Systemen des Unternehmens (z. B. Marketing, Vertrieb) und externen Quellen (z. B. Marktforschung) verknüpft werden können. Daraufhin finden eine Sicherung, Filterung und Fortschreibung statt. Die Daten aus Verkaufs-, Vertriebs-, CRM-, ERP-, oder SCM (Supply Chain Management)-Systemen stellen durch Integration in einer Datenbank Gemeinsamkeiten dar. Allerdings unter der Prämisse, dass die Geschäftsprozesse bekannt sind und eine ausreichende Homogenität der Daten gewährleistet ist, um diese abgleichen zu können.[50]

Kunden- wie auch Marktdaten werden nach Themen, Aktualität und Beständigkeit im Data Warehouse erfasst und Anwendern mit entsprechender Zugangsberechtigung bereitgestellt. Eine bedeutende Aufgabe von Data Warehouse ist, den Entscheidern als Hilfe zu dienen. Aus diesem Grund ist es auch ein Teil des Management-informationssystems (MIS). Der Unterschied zum üblichen MIS ist die zukunfts-orientierte Zielausrichtung.

Ferner gibt es das Data Mart, das sich auf einen Abschnitt des Data Warehouse bezieht. Es ermöglicht eine spezielle, funktionale Sicht auf die Daten des Unternehmens und stellt meist individuell zugeschnittene Daten für verschiedene Bereiche wie z. B. das Controlling oder das Marketing zur Verfügung.[51]

Da die Daten in einem System integriert werden, entsteht ein homogener Zugriff auf ein sehr breites inhaltliches Spektrum. Dadurch wird dem Endbenutzer ein leicht verständlicher Zugang ermöglicht. Erstrebenswert ist zudem, dass alle analyseorientierten Anwendungen eines Unternehmens genau mit diesen Daten arbeiten. Das bietet den Vorteil, dass in verschiedenen Berichten und Analysen, auch im Austausch mit anderen Abteilungen, die Zahlen konsistent sind. Der Erfolg eines Data Warehouse spiegelt sich daher in dem Nutzen für den Anwender wider.[52]

---

[49] Vgl. [Hilm01, S. 138 f.].
[50] Vgl. [Rapp05, S. 72] und [Hilm01, S. 138 f.].
[51] Vgl. [Wink04, S. 180].
[52] Vgl. [Cham99, S. 13].

2.4.2 On-Line Analytical Processing (OLAP)

Wie bereits beschrieben, liefert das Data Warehouse für die Datenanalyse im Marketing eine zweckmäßige Aufbereitung der benötigten Daten. Es hat sich jedoch gezeigt, dass zur Enthüllung der in diesen Daten verborgenen, bedeutungsvollen Geschäftserfahrungen besondere Werkzeuge zur Auflösung umfangreicher, multidimensionaler Datenbestände erforderlich sind. Angesichts dessen führte Edgar F. Codd, Begründer der Theorie relationaler Datenbanken, das Konzept des OLAP ein.

OLAP gestattet dem Anwender, eine detaillierte (Drill-down) und zusammenfassende (Roll-up) Bewegung in verschiedenen Tiefen und Breiten der Datenbank einzusehen. Weiterhin besteht für den Anwender die Möglichkeit, Dimensionen hinzuzufügen oder sie zu entfernen (Slice and Dice).[53]

Zudem erlaubt OLAP dem Anwender, ganz intuitiv mit den Daten umzugehen und sie aus sämtlichen Blickwinkeln zu betrachten. Die Untersuchung erfolgt nicht mehr datensatzorientiert, sondern multidimensional als Würfel dargestellt. Man spricht hier auch von Cubebildung. Diese Betrachtungsweise bietet die Möglichkeit, komplexe Anfragen wie auf Knopfdruck zu liefern.

Eine typische Anfrage könnte wie folgt lauten: „In welcher Altersklasse kündigen prozentual die meisten männlichen Kunden im Jahr?".[54]

Prinzipiell ist der Inhalt von OLAP die Basis, in der Daten dynamisch abgefragt werden. Diese wurden durch die zwölf Evaluierungsregeln für OLAP-Produkte (Providing OLAP) von Codd durch seine Monographie veröffentlicht und 1993 bekundet. Die zwölf Regeln, die ein OLAP-System einhalten soll, werden im Nachfolgenden aufgeführt:

1. Multidimensionale konzeptionelle Sicht auf die Daten
2. Transparenz
3. Zugriffsmöglichkeiten
4. Konsistente Leistungsfähigkeit
5. Client-Server-Architektur
6. Generische Dimensionen
7. Dynamische Handhabung dünn besetzter Matrizen
8. Mehrbenutzerunterstützung
9. Unbeschränkte dimensionsübergreifende Operationen
10. Intuitive Datenanalyse

---
[53] Vgl. [Hipp06, S. 49].
[54] Vgl. [Wink04, S. 180].

11. Flexibles Berichtswesen

12. Unbegrenzte Anzahl von Dimensionen und Konsolidierungsebenen[55]

Daraus lassen sich für OLAP zusammenfassend nachfolgende Vorteile aufzeigen:

Es ist benutzerfreundlich, da es dem Anwender erlaubt, Objekte direkt zu verändern, und ihm eine individuelle Sicht verschafft.

Es ist mehrdimensional, da die Abfragen nach ihren Dimensionen beurteilt werden.

Es ist detailliert und zusammenfassend, da in den verschiedenen Tiefen und Breiten der Datenbank eine Abfrage erfolgen kann (Drill-down und Roll-up).

Es ist analysierend und synthetisierend, da der Anwender die Möglichkeit hat, Dimensionen hinzuzufügen oder zu entfernen (Slice and Dice).

Es ist vorberechnend, da es komplexe Ad-hoc-Berechnungen durch Vordefinition, insbesondere Voraggregation, vermeidet.

Es ist schnell, da die Abfragen binnen Sekunden beantwortet werden.

An dieser Stelle sei erwähnt, dass OLAP-Werkzeuge nicht eigenständig neues Wissen erzeugen und sie darüber hinaus nicht in der Lage sind, selbstständig zu lernen bzw. nach neuen Lösungen zu suchen. Es werden i. d. R. nur komfortable, interaktive Navigations- und Reportmöglichkeiten bereitgestellt.[56]

2.4.3 Data Mining

Ein weiteres Hilfsmittel zur Auflösung umfassender, multidimensionaler Datenbestände in einem Data Warehouse stellt das Data Mining da. Der Begriff stammt von „to mine" und bezeichnet das Abbauen von Schätzen im Bergbau. Mit Schätzen ist hierbei das Auffinden und Klassifizieren von Kundenwissen gemeint. Im Gegensatz zu OLAP erlaubt Data Mining komplexere Analysen. In Anbetracht stetig wachsender Datenmengen und größeren Wettbewerbsdrucks wird es immer bedeutsamer, dass Anwender aus gegenwärtigen Datenbeständen darin verborgene wichtige Informationen schöpfen. Daher findet die Technik des Data Mining immer stärkere Anwendung.[57]

---

[55] Vgl. [Codd93, S. 12].
[56] Vgl. [Lust02, S. 153 f.].
[57] Vgl. [Lust02, S. 260].

Der isolierte Zugriff auf die Datenbestände ist noch keine Garantie für einen Erfolg, legt aber die Grundlage für die Analyse. Verfolgt ein Unternehmen das Ziel der direkten Kundenansprache, ist dies mit großem Aufwand verbunden und hat negative Effekte in der Kosten- und Nutzenrelation. Darüber hinaus sind einige Kunden womöglich nicht besonders darüber erfreut, wenn sie ausgefragt werden.

Für das Unternehmen stellt das eine schwierige Situation dar. Zum einen bedeutet das Weglassen von Analysen, dass Darbietungen nur in Standards erfolgen und somit eine individuelle Kundenbindung nicht funktionieren kann. Zum anderen führt ein übertriebener Aufwand von Analysen und Personalisierungen zu einer großen Furcht des Kunden, sich in der Rolle des „gläsernen Kunden" wieder zu finden. Der erhoffte Nutzen aus der individuellen Ansprache geht in den Mängeln der Detailflut unter.

Die Kundensegmentierung als Folge des Data Mining ist ein bedeutsamer Bestandteil des modernen One-to-One-Marketings. Dabei hilft sie nicht nur bei der Suche nach bestimmten Zielgruppen, sondern selektiert auch negative Zielgruppen heraus. Dies sind z. B. Karteileichen, die dem Unternehmen ohne Kaufinteresse gegenüberstehen.[58]

Data Mining verfolgt das Ziel, Aussagen in Form von Kundenorientierung und Gewinnmaximierung aufzuzeigen. Es bestimmt, wo das Marketingbudget positioniert wird, listet die Kundensegmentierungskriterien auf, klärt die Selektionskriterien für Marketingkampagnen und darüber hinaus, welcher Kommunikationskanal mit dem Kunden effizient ist.[59]

2.5 Ziele des CRM

Die primäre Zielsetzung des CRM liegt in der Bereitstellung von Mehrwerten auf der Kunden- und Unternehmensseite über den Lebenszyklus der Geschäftsbeziehung.[60] Dabei sollte das Unternehmen eine optimale Balance zwischen den Kosten der Beziehung und der Erfüllung sämtlicher Kundenbedürfnisse finden.

2.5.1 Effekte des Managements der Kundenbeziehung

CRM verfolgt unterschiedliche Ziele im Rahmen der Intensivierung zwischen der Beziehung Kunde und Unternehmen. Mit Hilfe des Beziehungsmanagements erreichen die Kunden den Status eines Partners, woraus sich schließlich ein Zusammengehörigkeitsgefühl entwickelt. Die Aussage, jeder Kunde sei König, ist nicht nur veraltet, sondern auch falsch. Denn jeder Kunde wünscht individuelle Betreuung und möchte nicht mit anderen gleichgestellt werden.

---
[58] Vgl. [Stol00, S. 59–61].
[59] Vgl. [Rapp05, S. 73].
[60] Vgl. [DDV06].

Dem Kunden muss das Gefühl gegeben werden, mehr als irgendein anderer Käufer zu sein. Daher findet die Betreuung in einer partnerschaftlichen Beziehung statt, um die persönlichen Bedürfnisse möglichst schnell und bedarfsgerecht zu befriedigen.

Das Management der Kundenbeziehung im Unternehmen verfolgt die Aufgabe, für eine größere Sicherheit, mehr Wachstum und darüber hinaus für eine Steigerung der Rentabilität zu sorgen. Demzufolge sollte die finanzielle Belastung des CRM-Systems nicht den Nutzen übersteigen. Das Unternehmen darf nicht versuchen, die maximale Kundenzufriedenheit zu erreichen. Dies wäre ökonomisch nicht machbar und auch nicht das Ziel. Als Richtung sollte eine optimale Kundenzufriedenheit angesteuert werden, die allerdings heutzutage von den wenigsten Unternehmen erreicht wird.[61]

Der alleinige Fokus auf die Profitabilitätsausrichtung genügt nicht, um gute Kundenbindungsstrategien zu entwickeln. Zuvor sollte eine strategische Vision entworfen werden. Diese zeigt dann, welcher der Kunden in den Kundenstamm aufgenommen werden soll. Mit welchen Kunden möchte das Unternehmen eine Partnerschaft aufbauen bzw. beibehalten? Ist es wünschenswert, die jetzigen Kunden auch in Zukunft beizubehalten? Ist es machbar, dass das Verhältnis zu den aktuellen Kunden intensiviert und deren Leistungsvermögen ausgeschöpft werden kann? Im Vorfeld sollten diese Fragen geklärt werden, bevor über weitere Aktionen nachgedacht wird.[62]

2.5.2 Sicherheit

Sicherheit durch Vertrauen soll in der Beziehung zwischen Unternehmen und Kunden durch CRM bewirkt werden. Das Vertrauen schafft die Basis für eine erfolgreiche Beziehung zwischen Unternehmen und Kunden. Dies kann z. B. durch Image-kampagnen aufgebaut werden. Vertrauen ist der Anfang von allem, ohne das ein in Frage kommender Kunde keine Geschäftsbeziehung mit dem Unternehmen aufbauen wird. Es sind positive Erfahrungen, die in einer Kundenbeziehung die Grundlage für Vertrauen herstellen. Hierbei geht es nicht allein darum, wie höflich der Verkauf oder erfolgreich der Vertrieb geführt wird, sondern auch das Preis-Leistungs-Verhältnis ist mitbestimmend für den Aufbau einer Vertrauensbasis. Ebenso bedeutend ist das persönliche Eingehen auf den Kunden mit all seinen Bedürfnissen und Wünschen.

Dadurch sind Kunden zumindest kurzfristig immun gegenüber preisaggressiven Angeboten der Konkurrenz. Durch CRM kann eine Toleranzspanne für das Unternehmen errichtet werden, damit Kunden auf eventuelle negative Erfahrungen nicht so stark reagieren.

---

[61] Vgl. [Holl04, S. 185].
[62] Vgl. [Rapp05, S. 113].

Ein gut geführtes Kundenbeziehungsmanagement bietet die Möglichkeit, sowohl positives als auch negatives Feedback von den Kunden zu bekommen. Erfahrungsgemäß erfolgt der Rücklauf nur schleppend, da die meisten Unternehmen dies nicht sonderlich fördern. Einige unzufriedene Kunden wechseln zum Mitbewerber, ohne dass eine Nachricht darüber eingeht. Stattdessen geben sie ihre schlechten Erfahrungen an Geschäftspartner, womöglich sogar an potenzielle Kunden weiter.

Aus diesem Grund ist es sinnvoll, bei der Einführung eines CRM-Systems auch ein integriertes Beschwerdemanagementsystem (siehe im folgenden Kapitel 3.3.2.1) zu implementieren. Dadurch wird die Bereitschaft zur Beschwerde für den Kunden erleichtert und eine etwaige Kundenabwanderung könnte vermieden werden.[63]

2.5.3 Wachstum

Absatzsteigerungen, Cross-Selling, Folgeeinkäufe und Weiterempfehlungen sind wichtige Faktoren für die Zielerreichung des Unternehmenswachstums. Durch eine Steigerung der Kaufhäufigkeit mit Hilfe von Sales Promotion (Verkaufsförderung) oder Public Relation (Öffentlichkeitsarbeit) sowie eine Erhöhung der Kaufintensität bei loyalen Kunden kann eine Absatzsteigerung erreicht werden.

Cross-Selling-Angebote (siehe dazu Kapitel 3.3.2.2) sollen den Kunden dazu animieren, auch andere Produkte des Anbieters in Anspruch zu nehmen und damit Wachstum im Unternehmen zu generieren.[64]

Um Wachstum z. B. durch Folgeeinkäufe oder Weiterempfehlungen zu erreichen, muss der Kunde Begeisterungsqualität (siehe dazu Kapitel 3.2.1) durch das Produkt selbst oder auch über zusätzliche Leistungen erfahren. Dieser Qualitätsblickwinkel beim Kauf deckt die latenten Wünsche ab und lässt somit ein Produkt neu und innovativ erscheinen. Die Konzentration auf Begeisterungsmerkmale bietet Unternehmen damit die Chance, sich von den Wettbewerbern durch Alleinstellungsmerkmale abzusetzen. Hierbei kann dieses Merkmal durchaus geringwertig sein, wenn es direkte Emotionen beim Käufer anspricht. Diese Begeisterung kann sich mittels Mund-zu-Mund-Propaganda auf andere potenzielle Kunden übertragen.[65]

2.5.4 Rentabilität

Durch das Beziehungsmanagement ist eine höhere Rentabilität durch Kosteneinsparungen und Erlössteigerungen erreichbar. Zum einen sind Ausgaben eines Beziehungsmanagementsystems gegenüber den Neukundengewinnungen fünf- bis zehnmal

---
[63] Vgl. [Holl04, S. 186–187].
[64] Vgl. [Holl04, S. 187–188].
[65] Vgl. [Holl01, S. 31].

niedriger; zum anderen bieten derzeitige Betreuungskosten Sparpotenzial, da die treuen Kunden über unternehmensinterne Abläufe informiert sind. Streuverluste werden verhindert, da eine zielgerichtete Ansprache der gebundenen Kunden durch Direktwerbung möglich ist.

Eine Klassifizierung der vorhandenen Kunden nach deren Potenzial mindert die Kosten der Kundenbetreuung. So können die „High Potentials", also die lohnenden Kunden, von der anonymen Masse der Datenbank getrennt und entsprechend angepasst, an ihren Wert, betreut werden.

Weiterhin treten durch die geringe Preissensibilität bei langjährigen Kunden Erlössteigerungen auf, da die Preiselastizität der Nachfrage bei steigender Beziehungsintensität sinkt. Das bedeutet, dass beispielsweise zufriedene Kunden bei einer Preiserhöhung eher dem Unternehmen treu bleiben und für bekannte Produkte mehr bezahlen als ein Neukunde. Dieser neigt bei einer Preiserhöhung schneller zur Kündigung und wechselt zur Konkurrenz. Dabei handelt es sich nicht nur um das Grundprodukt, sondern auch um Beratung und Service.

Zu beachten ist, dass die Effekte nicht von selbst eintreten. Es sind entsprechende Vorinvestitionen ebenso wie erhöhte Ausgaben bei einer intensiveren Betreuung nötig, damit eine Steigerung des Gewinns und der Rentabilität eintritt.[66]

2.6 Möglichkeiten von CRM in Unternehmen

Die CRM-Ausrichtung eines Unternehmens benötigt einen umfassenden Ansatz, da einzelne Lösungen für Vertrieb, Marketing und Service weniger von Vorteil sind. Schließlich soll eine unternehmensweite Kundenorientierung gewährleistet sein. Sämtliche kunden- und servicerelevanten Geschäftsbereiche und -prozesse müssen durch Integration in ein CRM-System zusammengefasst werden. Hierzu gehören u. a. der Vertrieb, das Marketing, der Kundenservice sowie natürlich die Kunden.

Der Vorteil der Integration ist zum einen eine ganzheitliche Kundensicht; zum anderen können Prozesse verkürzt und effizienter gestaltet werden. Nun liegt es am Unternehmen selbst, dem Kunden ein positives Erlebnis von sich zu vermitteln, sei es durch ein Kauferlebnis oder durch Service. Damit wird eine Grundlage für eine Erinnerung an das Unternehmen geschaffen und ein wiederholtes Zusammentreffen nicht ausgeschlossen.[67]

---

[66] Vgl. [Holl04, S. 188].
[67] Vgl. [Wehr01, S. 263].

Wird ein CRM-System in ein Unternehmen implementiert, ist im Nachhinein erkennbar, welche Kosten entstanden sind. Nur ist es nicht ganz leicht herauszubekommen, welcher Nutzen hierdurch entsteht. Anbieter von CRM-Lösungen behaupten, dass sich das investierte Geld in weniger als einem Jahr bezahlt macht. Dies ist aber schwer auf einen speziellen Fall zu beziehen, da es auch Nutzenaspekte gibt, die qualitativer Natur sind, so dass eine Messung schwierig wird. Es gibt dennoch die Möglichkeit, Nutzenkategorien zu erstellen. Diese können sich in der Arbeitszeit der Vertriebsmitarbeiter, Verkürzung der Abschlussraten, Umsatzerhöhung, größere Kundenzufriedenheit, Imageverbesserung, Effizienzverbesserung, Neukundengewinnung oder aber auch Kundenbindung widerspiegeln.[68]

Arbeitszeit bedeutet in diesem Fall, dass die Vertriebsmitarbeiter bis zu 70 Prozent ihrer Zeit nicht mit aktivem Verkauf beschäftigt sind. Könnte nur ein geringer Anteil dieser Zeit durch ein CRM-System gespart werden, so ergebe sich die Möglichkeit, mit derselben Vertriebsmannschaft wesentliche bessere Erfolge anzuführen oder aber die Anzahl der Vertriebsmitarbeiter zu verringern.

Verkürzung der Zeit für Abschlussraten wird dadurch geleistet, dass eine effizientere Leitung und Kontrolle der Verkaufsaktivitäten stattfindet und diese mit einer Verbesserung der Abschlussraten einhergeht.
Umsatzerhöhung kann durch individuelle Kundenbearbeitung und eine verbesserte Teilnahme am Markt erreicht werden.

Anbieter, die ein gutes CRM-System nutzen, können im Allgemeinen die Kundenzufriedenheit steigern, da Probleme ad hoc bearbeitet werden können und somit dem Kunden im Vergleich zu z. B. schlecht erreichbaren Hotlines ein Vorteil geboten wird.
Imageverbesserung kann durch den konzentrierten Weg zu den Kundenschnittstellen und durch einen besseren Service dieser Schnittstellen entwickelt werden.

Effizienzverbesserung bedeutet vor allem die Effekte von Marketingaktionen zu erhöhen und die Effizienz von Kundenschnittstellen zu vergrößern.
Kundenbindung entsteht z. B. durch eine Reduktion des Storno oder eine Steigerung von Cross- und Up-Selling.[69]

---

[68] Vgl. [Gode03, S. 301] und [Wehr01, S. 17].
[69] Vgl. [Wehr01, S. 30].

Um die Möglichkeiten von CRM zu nutzen, muss im Vordergrund aller Aktivitäten eine kundenorientierte Unternehmensführung stehen, um eine langfristige Kundenbeziehung etablieren zu können. Dadurch kann das Ziel, den Kunden dauerhaft an das Unternehmen zu binden und damit für nachhaltigen wirtschaftlichen Erfolg zu sorgen, erreicht werden.

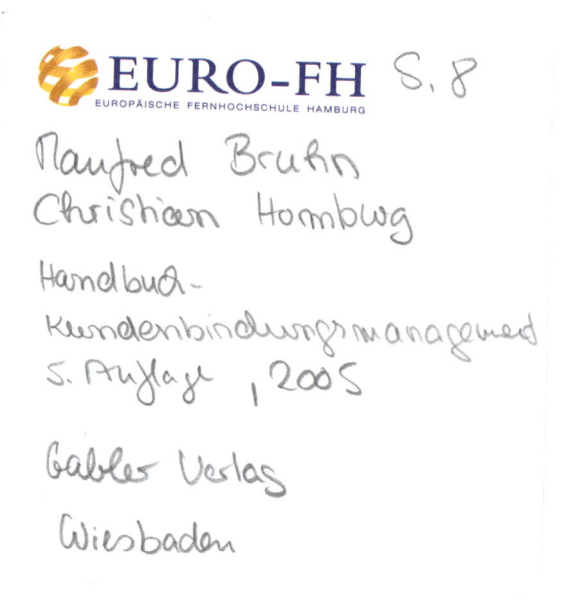

3 Kundenbindung

Dieses Kapitel geht zunächst auf verschiedene Definitionen der Kundenbindung ein. Im Anschluss daran werden Voraussetzungen und verschiedene Ansätze zur Entstehung von Kundenbindung aufgezeigt und erläutert. Abschließend werden Strategien und Instrumente der Kundenbindung dargestellt.

3.1 Definition von Kundenbindung

Der Begriff Kundenbindung wird in der Literatur unterschiedlich aufgefasst. Nachfolgend werden zwei Definitionen näher dargestellt und erläutert:

Nach HOMBURG und BRUHN wird die Kundenbindung als „sämtliche Maßnahmen eines Unternehmens, die darauf abzielen, sowohl die bisherigen Verhaltensweisen als auch die zukünftigen Verhaltensabsichten eines Kunden gegenüber einem Anbieter oder dessen Leistungen positiv zu gestalten, um die Beziehung zu diesem Kunden für die Zukunft zu stabilisieren bzw. auszuweiten" betrachtet.[70]

Demnach ist Kundenbindung aus Unternehmenssicht folglich die gezielte Tätigkeit eines Anbieters, um ein Produkt oder eine Dienstleistung positiv auf das Kaufverhalten eines Kunden hin auszurichten. Das bisherige Kaufverhalten soll durch gezielte Maßnahmen der Kundenbindung nicht nur beibehalten, sondern zukünftig noch weiter ausgebaut und gestärkt werden.

Bei der Konkretisierung des Begriffs der Kundenbindung unterscheidet MEFFERT zwischen zwei Sichten: der kaufverhaltens- bzw. nachfragerbezogenen und der managementbezogenen Perspektive.

Die managementbezogene Perspektive richtet sich auf ein Unternehmen und fasst die Bindung des Kunden als einen Tätigkeitsdrang auf, der auf Herstellung oder Intensivierung emotionaler oder faktischer Bindungen von Kunden ausgerichtet ist. Faktische Bindungen können also vertraglicher, technisch-funktionaler oder ökonomischer Natur sein. Bei emotionalen Bindungen stellt die Zufriedenheit des Kunden in Bezug auf das Unternehmen das zentrale Merkmal dar.[71]

Bei der Interpretation der managementbezogenen Perspektive wird Kundenbindung als ein aktiver Prozess gesehen, in dem der Kunde entweder aufgrund faktischer

---

[70] Vgl. [Homb05, S. 8].
[71] Vgl. [Meff05, S. 149].

Rahmenbedingungen und Wechselbarrieren dem Unternehmen treu bleiben muss oder aus eigener Motivation dem Unternehmen treu ist und bleibt. Ein Wechsel zu einem anderen Anbieter wäre bei der emotionalen Bindung aber jederzeit möglich.[72]

Die kaufverhaltensbezogene Perspektive stellt Kundenbindung als „den Grad, zu dem private oder institutionelle Nachfrager aufgrund faktischer oder emotionaler Bindungen beim Wiederkauf eine identische Entscheidung bezüglich der Wahl einer Leistung, einer Marke (...) oder einer Geschäftsstätte treffen" dar.

Hiernach wird Kundenbindung als Entschluss eines Kunden zu Wiederholungskäufen gesehen und ist im Unterschied zur managementorientierten Perspektive, die Kundenbindung als einen dynamischen Vorgang betrachtet, eine statische Zustandsbetrachtung.[73]

3.2 Entstehung von Kundenbindung

Um eine erfolgreiche und langfristige Kundenbindung zu erreichen, ist es notwendig, die Zufriedenheit eines Kunden und sein Vertrauen zu erlangen. Auf diese beiden Voraussetzungen (Zufriedenheit und Vertrauen) wird im Folgenden eingegangen, um anschließend durch ausgewählte verhaltenstheoretische Erklärungsansätze einen Zusammenhang zwischen Kundenzufriedenheit und Kundenbindung aufzuzeigen.

3.2.1 Zufriedenheit als Voraussetzung der Kundenbindung

Viele Unternehmen wünschen sich eine hohe Kundenzufriedenheit. Häufig haben sie die Bedürfnisse der Kunden erkannt, können die Erfüllung dieser jedoch nicht vollständig gewährleisten. Daher müssen alle zuständigen Bereiche und Mitarbeiter für den Kunden Verständnis zeigen und dieses auch in ihrem täglichen Handeln umsetzen, um das Ziel der Kundenzufriedenheit zu erreichen.

Ein Kunde ist zufrieden, wenn seine Erwartungen an das Produkt oder Dienstleistung erfüllt beziehungsweise übertroffen werden. Beim Kauf unterscheidet der Kunde daher zwischen drei Qualitätsmerkmalen: Grundqualität, Leistungsqualität und Begeisterungsqualität. Die alleinige Grundqualität eines Produktes reicht allerdings nicht aus, da dies als selbstverständlich für den Kunden angesehen und beim Kauf nicht ausdrücklich geäußert wird. Ist diese Qualitätsanforderung des Kunden an ein Produkt nicht erfüllt, entsteht Unzufriedenheit. Durch eine intensivere Bereitstellung von Grundqualität entsteht jedoch

---
[72] Vgl. [Meff05, S. 157].
[73] Vgl. [Meff05, S. 149].

noch keine Zufriedenheit, daher sollte ein Produkt mindestens Leistungsqualität aufweisen. Leistungsqualität enthält Forderungen, die Zufriedenheit beim Kunden auslösen, so dass er bereit ist, etwas mehr zu bezahlen. Jedoch sollte dabei berücksichtigt werden, dass Leistungsqualität individuell bewertet wird. Der Kunde wird sodann die Besonderheiten des Produktes positiv bewerten und als Stärken herausstellen. Dadurch ist es ihm möglich, einen Vergleich der verschiedenen Produkte auf dem Markt durchführen zu können.

Die höchste Zufriedenheitsstufe wird als Begeisterungsqualität bezeichnet. Hierbei handelt es sich i. d. R. um Soft Facts, wie beispielsweise das Markenbewusstsein eines Kunden. Durch eine Marke kann sich der Kunde schnell orientieren, weiß z. B., dass Qualität und Preis stimmen. In den meisten Fällen hat Begeisterungsqualität nur indirekt etwas mit dem gekauften Produkt oder der Leistung zu tun. Um den Beitrag zur Kundenzufriedenheit zu erhöhen bzw. zu erneuern, sollte ein Unternehmen ständig durch Begeisterungsqualität beeindrucken können, da diese mit der Zeit auch abnehmen kann.[74]

„Man sollte nicht unterschätzen, wie stark die Begeisterungsqualität aufgefrischt wird, wenn ein Käufer erfährt, dass seine Bekannten dasselbe Produkt wie er gekauft haben und dass sie ihre Kaufentscheidung als richtig betrachten".[75]

Folglich erhält eine kontinuierliche Auffrischung durch Begeisterungsqualität diese Zufriedenheit, da der Kunde gewissermaßen im positiven Sinne „überrascht" wird. Kundenzufriedenheit erhöht damit den wahrgenommenen Nutzen der Grundleistung. Ihr Nichtvorhandensein führt jedoch nicht zur Kundenunzufriedenheit, da der Kunde diese Leistung von vornherein nicht ausdrücklich vorausgesetzt hat.[76]

Die Erfüllung beziehungsweise Nichterfüllung der drei Qualitätsmerkmale Grundqualität, Leistungsqualität und Begeisterungsqualität führt zu Zufriedenheit bzw. Unzufriedenheit. Ist ein Kunde unzufrieden, da seine Erwartungen nicht erfüllt oder nicht mehr erfüllt sind, kann davon ausgegangen werden, dass dieser eine bestehende Geschäftsbeziehung sicherlich beenden wird. Dies setzt jedoch voraus, dass keine Wechselbarrieren für den Kunden bestehen und er die Geschäftsbeziehung zu jeder Zeit beenden kann.

Das Ziel sollte daher sein, den Kunden zum Wiederholungs- und Folgekauf zu bringen, ihn an das Unternehmen zu binden und dadurch eine strategische Geschäftsbeziehung

---

[74] Vgl. [Acke01a, S. 71–72] und [Dill05, S. 85].
[75] Zitat [Acke01a, S. 72].
[76] Vgl. [Dill05, S. 85].

aufzubauen. Denn nur bei vollkommener Zufriedenheit bleibt ein Kunde auch weiterhin dem Unternehmen erhalten.

Grafisch stellt sich der Zusammenhang zwischen Grund-, Leistungs- und Begeisterungsqualität wie folgt dar:

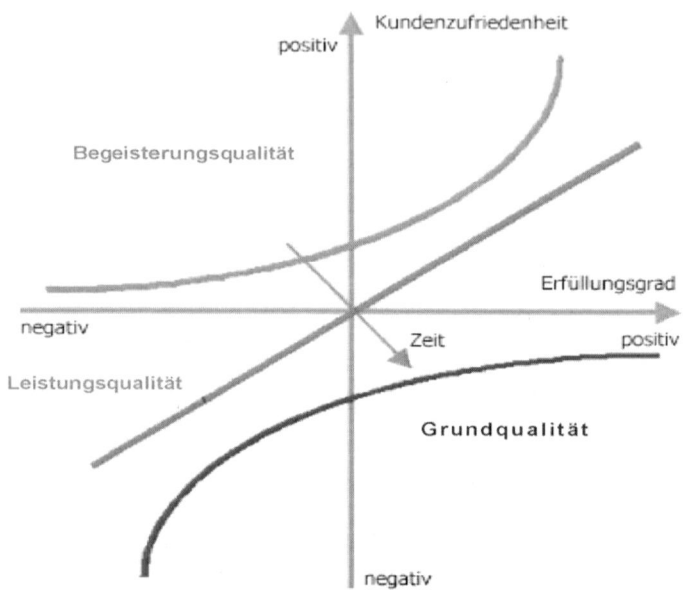

Abb. 2: Kano-Modell[77]

3.2.2 Vertrauen als Voraussetzung der Kundenbindung

Funktioniert eine Geschäftsbeziehung zwischen Kunden und Unternehmen, kann als Ergebnis daraus eine Kundenbindung folgen. Damit eine Geschäftsbeziehung jedoch funktioniert, ist Vertrauen zwischen den Geschäftspartnern sehr wichtig. Vertrauen ist damit Basis einer jeden Beziehung. Unter Vertrauen wird die Bereitschaft der Kunden, sich auf ein Unternehmen und dessen zukünftiges Handeln ohne weitere Prüfungen zu verlassen, verstanden.

Vertrauen entsteht erst über einen längeren Zeitraum sowie über die Erfahrung aus den Abwicklungen vergangener Geschäfte. Sind diese in der Vergangenheit positiv verlaufen, ist eine Vertrauensbasis entstanden. Es kann davon ausgegangen werden, dass diese zukünftig nicht missbraucht wird. Vertrauen beruht folglich auf Gegenseitigkeit.

---

[77] Eigene Darstellung in Anlehnung an [Matz03, S. 20] und [Dill05, S. 85].

Vertrauensfördernde Maßnahmen können das Nutzen von Referenzen, die Schaffung von Ähnlichkeiten und eine Vertrauenskommunikation sein. Referenzen sind besonders im Business-to-Business-Bereich üblich. Dafür müssen jedoch drei grundsätzliche Bedingungen erfüllt sein. Zuallererst ist es wichtig, dass zwischen dem vergangenen und dem künftigen Geschäft Ähnlichkeiten bestehen. Als Nächstes muss der Referenzträger glaubwürdig sein, und nicht zuletzt muss er auch bereit sein, Auskünfte über seine Erfahrungen mit dem Unternehmen zu geben. Die Auskunftsbereitschaft kann bei sensiblen Informationen eingeschränkt sein.[78]

3.2.3 Die verhaltenstheoretische Betrachtung

Dieser Ansatz basiert auf den sog. Dissonanz-, Lern- und Risikotheorien und stellt die psychologische Motivation und den kognitiven Entscheidungsprozess eines Kunden in den Fokus. Hiermit kann erklärt werden, dass „Zufriedenheit" eine wesentliche Voraussetzung für Kundenbindung darstellt.

3.2.3.1 Die Theorie der kognitiven Dissonanz

Der Ausgangspunkt der Theorie ist, dass ein Individuum ein beständiges Gleichgewicht seines sog. kognitiven Systems anstrebt. Dieses kognitive System ergibt sich aus dem Ergebnis der Kognitionen Wissen, Erfahrungen und Meinungen sowie ihren Beziehungen zueinander. Geraten diese in ein Ungleichgewicht („kognitive Dissonanz"), so ergeben sich unangenehm wahrgenommene Spannungen. Bei Überschreitung einer gewissen Toleranzschwelle veranlassen sie das Individuum, sein Verhalten so zu ändern, dass sich wieder ein kognitives Gleichgewicht einstellt.

Die Interpretation der Theorie sagt für die Kundenbindung aus, dass nur derjenige Kunde zufrieden ist, der sich aufgrund einer Befriedigung durch das erworbene Produkt in einem kognitiven Gleichgewicht befindet. Um dieses Gleichgewicht aufrechtzuerhalten und kognitive Dissonanzen zu vermeiden, wird er dem Unternehmen treu bleiben und das entsprechende Produkt wieder kaufen.[79]

3.2.3.2 Die Risikotheorie

Ein Kunde kann bei einer Kaufentscheidung ein subjektiv wahrgenommenes Risiko tragen. Hierbei unterscheidet die Theorie zwischen *funktionellem, finanziellem, physischem, psychologischem und sozialem Risiko*. Die verschiedenen Risikoarten können jeweils auch als kognitives Ungleichgewicht interpretiert werden. Diese Ansicht ist folglich eng mit der Theorie der kognitiven Dissonanz (siehe Kapitel 3.2.3.1) verbunden.

---

[78] Vgl. [Tomc97, S. 31 ff.].
[79] Vgl. [Homb05, S. 102].

Ein *funktionelles Risiko* können Kunden eingehen, wenn ein erworbenes Produkt nicht die erwarteten Eigenschaften aufweist, die an sie gestellt werden. *Finanzielles Risiko* stellt einfach den möglichen Verlust von Geld beim Kauf eines Produktes für den Fall eines Fehlkaufs dar. Besteht die Gefahr, gesundheitliche Schäden durch ein Produkt zu erleiden, wird von *physischem Risiko* gesprochen. Kann ein Kunde sich nicht persönlich mit dem Produkt wie gewünscht identifizieren, wird dies als *psychologisches Risiko* bezeichnet. *Soziales Risiko* besteht dann, wenn ein Produkt den Gegebenheiten und Normen des sozialen Umfeldes nicht entspricht und somit zu Prestige- oder Statusverlust führen kann.

Um mögliche Risiken im Vorfeld zu reduzieren oder zu vermeiden, bieten sich dem Kunden verschiedene Möglichkeiten: Beispielsweise kann er vorab durch Beschaffung zusätzlicher, über den normalen Umfang hinausgehende Informationen oder mittels Orientierung an Referenzpersonen versuchen, das Risiko zu minimieren. Neben den genannten Möglichkeiten zur Risikoreduktion bietet sich besonders die Loyalität zu einem Unternehmen an. Ein zufriedener Kunde, laut Risikotheorie, wird dem Unternehmen treu bleiben, bei dem die genannten Risiken als minimal empfunden werden.[80]

3.2.3.3 Die Lerntheorie

Es gibt eine Reihe verschiedener Analysen und Theorien des menschlichen Lernprozesses, die versuchen, den Sachverhalt des Lernverhaltens zu erklären. Lernen soll als derjenige Prozess verstanden werden, bei dem sich durch Erfahrungswerte eine Änderung der Einstellung und des Verhaltens eines Individuums einstellt. Lediglich diejenigen Verhaltensweisen werden von einem Individuum beibehalten, die in der Vergangenheit einen positiven Nutzen gebracht haben. Verhaltensweisen, bei denen ein Individuum keinen positiven Nutzen erkennen konnte, führen hierbei zu einer tatsächlichen Änderung des Verhaltens.

Bezogen auf die Kundenbindung bedeutet dies folglich: Ist ein Käufer zufrieden mit den von einem Unternehmen angebotenen Produkten oder Dienstleistungen, so führt eine Zufriedenheit zu einer positiven Verstärkung des Verhaltens, d. h., der Kunde wird auch in Zukunft aufgrund dieser Erkenntnis dem betreffenden Unternehmen treu bleiben und bei wiederholt positiven Erkenntnissen seine Kaufbereitschaft und Loyalität gegenüber diesen intensivieren.[81]

3.2.4 Kundenbindung nach Art der Bindung

GEORGI definiert Kundenbindung als „sämtliche psychologische Bewusstseinsprozesse bzw. beobachtbaren Verhaltensweisen eines Kunden (...), in denen sich intentionale bzw.

---
[80] Vgl. [Homb05, S. 103–104].
[81] Vgl. [Homb05, S. 102–103].

faktische Erhaltung bzw. Intensivierung seiner Beziehung zum Unternehmen aufgrund von bestimmten Bindungsursachen manifestiert."[82] Es werden im Folgenden zwei Arten genannt und anschließend erklärt:

- die gebundenheitsgetriebene Kundenbindung und
- die verbundenheitsgetriebene Kundenbindung.

Beide Arten der Kundenbindung und deren Einflussgrößen und Entstehung werden in den folgenden Abschnitten erläutert.

3.2.4.1 Gebundenheitsgetriebene Kundenbindung

Als Gebundenheit wird ein Zustand der Kundenbindung bezeichnet, der für einen bestimmten Zeitraum fest angegeben ist. Ein Kunde kann diese zeitliche Bindung zwar freiwillig eingehen, jedoch ist er anschließend innerhalb des Bindungszeitraums hinsichtlich der Nutzung bestimmter Leistungen an das betreffende Unternehmen gebunden. Gebundenheit wird bei dieser Form durch den Aufbau von Wechsel-barrieren erzielt. In der Literatur werden drei Formen von Gebundenheit unterschieden:[83]

- eine ökonomische Gebundenheit,

- eine technisch-funktionale Gebundenheit und

- eine vertragliche Gebundenheit.

Die *ökonomische Kundenbindung* kann durch den Einsatz von kontrahierungs- und leistungspolitischen Instrumenten realisiert werden, d. h., eine Geschäftsbeziehung wird so ausgestaltet, dass ein Wechsel für einen Kunden aufgrund Wechselkosten ungünstig wird. Eine Preissetzung stellt eine mögliche Form dar. Dies wird z. B. durch Erhebung eines festen Betrages für den Erhalt und anschließende Ermäßigung von Folgekosten (z. B. BahnCard) erreicht, ebenso wie durch zukünftige Boni, die dafür sorgen, dass ein höherer wahrgenommener Nutzen erst im Laufe der Zeit entsteht (z. B. Schadensfreiheitsrabatt bei Haftpflichtversicherung). Eine weitere Möglichkeit bietet sich bei einer Beendigung der Geschäftsbeziehung durch Erhöhung der Wechselkosten an, die Kunden einen Wechsel ökonomisch ungünstig machen (z. B. Auflösungsgebühren bei Lebensversicherungen).[84]

Von *technisch-funktionaler Kundenbindung* wird gesprochen, falls bestimmte Produkt- oder Servicekomponenten nur über ein bestimmtes Unternehmen bezogen werden können. Es

---

[82] Vgl. [Geor05, S. 232–233].
[83] Vgl. [Geor05, S. 236].
[84] Vgl. [Meff05, S. 158–159].

besteht bei dieser Form einerseits die Möglichkeit, durch einen Verbund von Grund- und Zusatzleistung, beispielsweise bei Herstellern von Büromöbeln, eine Bindung zu erzielen. Demgegenüber kann Kundenbindung auch durch Erweiterungskäufe oder Folgekäufe, beispielsweise bei EDV-Systemen (z. B. Windows vs. Macintosh) erreicht werden. Eine Gefahr der technisch-funktionalen Kundenbindung liegt im sog. „Lock-In-Effekt". Dies bedeutet, dass Kunden durch die eingeschränkten Beschaffungswege die Art der Bindung als eine „Zwangskopplung" empfinden.[85]

Bei einer *vertraglichen Kundenbindung* werden Kunden durch einen Abschluss eines Vertrages an bestimmte Anbieter rechtlich gebunden. Für einen Kunden entstehen sowohl Rechte (z. B. Erhalt einer angeforderten Leistung), als auch Pflichten (etwa die Bezahlung der Leistung). Diese Art der Kundenbindung wird beispielsweise im Mobilfunkbereich oder in Form von Garantiebedingungen im Automobilbereich angewendet.[86]

3.2.4.2 Verbundenheitsgetriebene Kundenbindung

Kundenbindung, die durch Verbundenheit entsteht, wird als sog. *emotionale Kundenbindung* bezeichnet. Diese entsteht durch einen hohen Zufriedenheitsgrad des Kunden mit den Leistungen des Unternehmens und das daraus resultierende Vertrauen, dass diese und weitere Leistungen in Zukunft auch den Erwartungen und Wünschen gerecht werden können. Es gilt heutzutage als gesicherte Erkenntnis, dass Kundenzufriedenheit eine zentrale Voraussetzung für Kundenbindung darstellt.[87]

Bei der Zusammenfassung der Überlegungen lässt sich erkennen, dass Kundenbindung aus der Perspektive der Kunden auf verschiedene Arten entstehen kann. Die Kunden werden entweder versuchen, ein emotionales Gleichgewicht anzustreben (Theorie der kognitiven Dissonanz), das Kaufrisiko zu minimieren (Risikotheorie) oder erfolgreiche und zufriedenstellende Verhaltensweisen beizubehalten und zu intensivieren (Lerntheorie). Die Bedeutung der Kundenzufriedenheit für die Kundenbindung lässt sich damit gut ableiten. Kunden werden denjenigen Unternehmen treu bleiben, die es schaffen, die Bedürfnisse der Kunden im Rahmen der drei Theorien zu erfüllen, so dass diese mit den Leistungen des betreffenden Unternehmens *zufrieden* sind.

Auf Unternehmensseite bieten sich zwei Möglichkeiten an, Kunden an sich zu binden: die Gebundenheitsstrategie, bei der Kunden an einem Wechsel gehindert werden, sowie die

---

[85] Vgl. [Ditt02, S. 68] und [Meff05, S. 158].
[86] Vgl. [Meff05, S. 157].
[87] Vgl. [Meff05, S. 159].

Verbundenheitsstrategie, bei der ein Wechsel zur Konkurrenz aufgrund hoher Zufriedenheit mit dem Unternehmen unterbleibt.

3.3 Kundenbindungsmanagement

Das Kundenbindungsmanagement ist eine Teildisziplin des CRM. Die Aufgabe hierbei ist es, eine systematische Analyse, Planung, Durchführung sowie Kontrolle sämtlicher auf den aktuellen Kundenstamm gerichteten Maßnahmen durchzuführen. Der Fokus der Unternehmung liegt hierbei nur auf dem aktuellen, bereits bestehenden Kundenstamm. Er schließt die Gewinnung von Neukunden sowie die Rückgewinnung abgewanderter Kunden nicht mit ein.[88] In nachstehender Abbildung wird die Aufgabenstellung des Kundenbindungsmanagements im Customer Relationship Management nochmals verdeutlicht.

Customer Relationship Management

Kundenbindungs-management

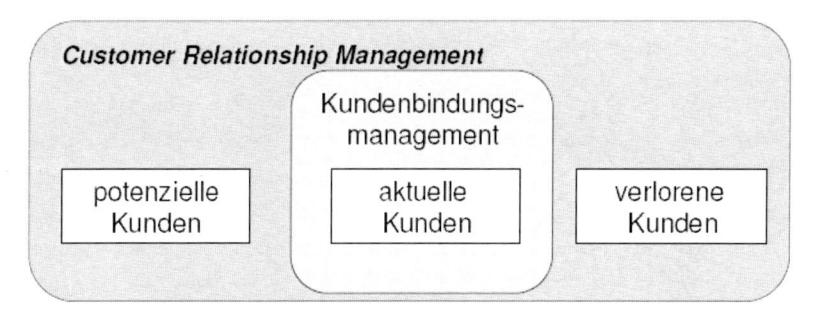

| potenzielle Kunden | aktuelle Kunden | verlorene Kunden |

Abb. 3: Einbindung/Aufgabe des Kundenbindungsmanagements im CRM[89]

3.3.1 Strategien

Zu Beginn eines Kundenbindungsmanagements steht grundlegend eine Zielfestlegung. Diese bestimmt, in Beziehung mit den erarbeiteten Strategien, das Ausmaß und die Richtung künftiger Entwicklungen von Unternehmen. Basis der Zielfestlegung ist eine Operationalisierung des Zieles nach Inhalt, Ausmaß, Zeit und Segment sowie Formulierung eines Zielsystems.

Das soeben beschriebene Zielsystem beinhaltet ökonomische, psychographische sowie mitarbeitergerichtete Zielgrößen. Die ökonomische Zielgröße sind beispielsweise Größen wie Umsatz, Gewinn, Preis und Menge. Die psychographische Zielgröße, die Kundenbindung und die mitarbeitergerichtete Zielgröße befassen sich mit der Bindung von Mitarbeitern. Deren Elemente sind Mitarbeiterzufriedenheit, Mitarbeiterfluktuation, Motivation und Leistungsqualität.

---

[88] Vgl. [Hipp06, S. 16 f.].
[89] Eigene Darstellung in Anlehnung an [Hipp04, S. 18].

Auf die erfolgreiche harmonische Einbindung der Kundenbindung in das Zielsystem folgt die Festlegung auf die Kundenbindungsstrategie. Unter ihr ist ein bedingter, langfristiger und umfassender Verhaltensplan zur Erreichung der Kundenbindungsziele zu verstehen. Resultierend aus dieser Strategiefestlegung rücken die nachfolgenden Leitfragestellungen, die die unterschiedlichen Kundenbindungsdimensionen beschreiben, in den Blickpunkt.[90]

1. *An welches Objekt soll der Kunde gebunden werden?*
2. *Welche Kunden bzw. Kundengruppen sollen gebunden werden?*
3. *Wie soll die Bindung der Kunden gesichert werden?*
4. *Zu welchem Zeitpunkt und mit welcher Intensität sollen Kundenbindungsmaßnahmen unternommen werden?*
5. *Mit welchen Partnern sollen die Kundenbindungsmaßnahmen durchgeführt werden?*
6. *Mit Hilfe welcher Instrumente soll die Bindung der Kunden sichergestellt werden?*

Die erste Frage bezieht sich auf das Objekt, an das der Kunde gebunden werden soll. Grundlegend können Kunden an Unternehmen, Menschen, Produkte oder Marken gebunden werden. Bei der zweiten Frage werden Zielgruppen (Kunden oder Kundengruppen) definiert und gegebenenfalls priorisiert. Die grundsätzlichen Möglichkeiten zur Kundenbindung (dritte Leitfrage) durch das Unternehmen wurden bereits in Kapitel 3.2.4 erläutert. Der Zeitpunkt und die Intensität der Kundenbindungsmaßnahmen sind ebenso von strategischer Bedeutung. Beispielsweise besteht die Möglichkeit, Cross-Selling-Aktivitäten zur Steigerung der Kundenbindung kontinuierlich oder aber im Rahmen zeitlich befristeter Aktionen einzusetzen. Die Partnerwahl, die in der fünften Frage behandelt wird, bezieht sich auf die Möglichkeit, mit anderen Unternehmen (z. B. Absatzmittlern) bei der Durchführung der Kundenbindungsmaßnahmen zu kooperieren. Mit der sechsten Leitfrage beschäftigt sich das folgende Kapitel.[91]

3.3.2 Instrumente der Kundenbindung

Im Zentrum des Kundenbindungsmanagements steht die Umsetzungsstrategie mit konkreten Maßnahmen. Deshalb werden hier die einzelnen möglichen Kundenbindungsinstrumente vorgestellt.

Die Unterscheidung der einzelnen Maßnahmen der Kundenbindung kann analog zu den klassischen Marketinginstrumenten vorgenommen werden. Es findet folglich eine

---

[90] Vgl. [Bruh05, S. 16–18].
[91] Vgl. [Homb03, S. 424 ff.].

Unterscheidung zwischen den Maßnahmen der *Produkt-, Preis-, Kommunikations-* und *Distributionspolitik* statt.

Bei der *Produktpolitik* liegt der Schwerpunkt zum einen auf der Verbesserung des eigenen Leistungsprogramms und zum anderen auf dem Service, da dies die Kundenzufriedenheit voraussichtlich positiv beeinflusst. Als Beispiele für solche Kundenbindungsmaßnahmen sind eine gemeinsame Produktentwicklung, individuelle Produktangebote oder auch besondere Qualitätsstandards zu nennen.

Die *preispolitischen* Kundenbindungsmaßnahmen können auf die Wechselkosten des Kunden Einfluss nehmen. Es werden finanzielle Anreize geschaffen, die für Kunden ein Grund sein können, die Beziehung zum Unternehmen zu erhalten. Dies stellen beispielsweise Maßnahmen wie der Einsatz attraktiver Bonussysteme, Preisgarantien oder auch bestimmte Arten der Preisdifferenzierung dar.

Maßnahmen der *Kommunikationspolitik* werden zur Führung eines kontinuierlichen Dialogs mit dem Kunden eingesetzt. Besonders die interaktiven Kommunikationsformen bieten hierzu viele Möglichkeiten, wie beispielsweise Foren für Kunden, Events, Servicehotlines, Beschwerdemanagement sowie sämtliche Maßnahmen der individuellen Kommunikation mit dem Kunden.

Elektronische Bestellmöglichkeiten, Katalogverkauf sowie Abonnements können beispielsweise für die *Distributionspolitik* genannt werden, die geeignet erscheinen, Kunden langfristig zu binden.[92]

Nachstehende Grafik gibt einen Überblick über die Instrumente des Kundenbindungsmanagements.

Instrumentebereich \ Primäre Wirkung	Fokus Interaktion	Fokus Zufriedenheit	Fokus Wechselbarrieren
Produktpolitik	• Gemeinsame Produktentwicklung • Internalisierung/ Externalisierung	• Individuelle Angebote • Qualitätsstandards • Servicestandards • Zusatzleistung • Besonderes Produktdesign • Leistungsgarantien	• Individuelle technische Standards • Value-Added-Services

---

[92] Vgl. [Bruh05, S. 20–21].

Preis- politik	• Kundenkarten (bei reiner Informationserhebung)	• Preisgarantien • Zufriedenheits- abhängige Preisgestaltung	• Rabatt- und Bonussysteme • Preisdifferenzierung • Preisbundling • Finanzielle Anreize • Kundenkarten
Kommunikations- politik	• Direct Mailing • Event Marketing • Online-Marketing • Proaktive Kundenkontakte • Servicenummern • Kundenforen	• Kundenclubs • Kundenzeitschriften • Telefonmarketing • Beschwerdemanagement • Persönliche Kommunikation	• Mailings, die sehr individuelle Informationen übermitteln (hoher Nutzwert) • Aufbau kundenspezifischer Kommunikationskanäle
Distributions- politik	• Internet/Gewinnspiele • Produkt Sampling • Werkstattbesuche	• Online-Bestellungen • Katalogverkauf • Direktlieferung	• Abonnements • Kundenorientierte Standortwahl

Abb. 4: Instrumente des Kundenbindungsmanagements[93]

Im Folgenden werden zwei Instrumente dazu herausgegriffen und ausführlicher erläutert. Hierbei handelt es sich um das Beschwerdemanagement und das Cross-Selling.

3.3.2.1 Beschwerdemanagement

Mit einem Beschwerdemanagement soll die Unzufriedenheit von Kunden entdeckt, analysiert und möglichst schnell in Zufriedenheit umgewandelt werden. Kunden akzeptieren das Auftreten von Fehlern beziehungsweise Problemen, wenn diese schnell beseitigt werden und sich nicht wiederholen. Hierfür ist ein gut funktionierendes Beschwerdemanagement notwendig. Die Beschwerdeneigung der Kunden hängt davon ab, ob sie die Möglichkeiten der Beschwerdeführung kennen und auch wahrnehmen, sodass entsprechende Informationen erforderlich sind. Das Ziel eines Beschwerdemanagements ist, Kundenzufriedenheit wiederherzustellen und gleichzeitig möglichst früh Produkt- und Servicemängel erkennen lassen, um in Zukunft diese Mängel zu vermeiden.[94]

Wie wichtig ein Beschwerdemanagement in Unternehmen ist, verdeutlicht die nachstehende Grafik.

---

[93] Vgl. [Bruh05, S. 22].
[94] Vgl. [Stau05, S. 318 ff.].

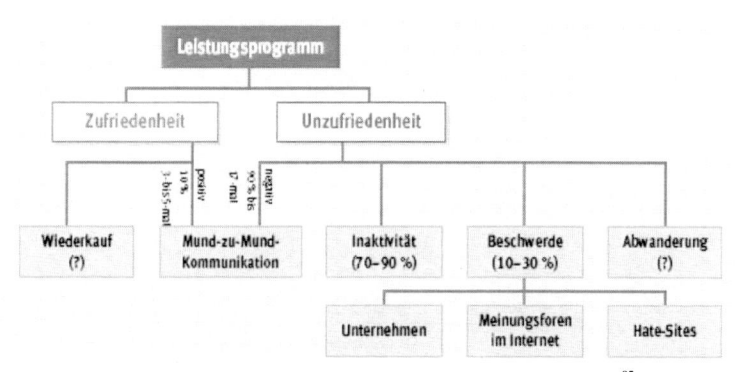

Abb. 5: Mögliche Reaktionsformen auf Kunden(un)zufriedenheit[95]

Aus der Abbildung wird deutlich, dass ein Kunde vier verschiedene Möglichkeiten hat, auf Unzufriedenheit zu reagieren: Negative Mund-zu-Mund-Kommunikation, Inaktivität, Beschwerde oder Abwanderung. Kritisch ist hierbei besonders der Teil der Kunden, die inaktiv bleiben, da ihr Anteil (positiv beeinflussen kann) bei ca. 70 bis 90 Prozent liegt. Gerade diese (positiv beeinflussen kann) Klientel aber gibt ihre negativen Erfahrungen mit dem Unternehmen zu 90 Prozent an andere Kunden weiter. Gesteigert wird diese negative Werbung noch durch die Häufigkeit, mit der sie „werben": Bis zu 17 weitere Personen erfahren im Durchschnitt durch die negative Mund-zu-Mund-Kommunikation von den Problemen. Dagegen geben ca. 10 Prozent der zufriedenen Kunden ihre positiven Erfahrungen mit Unternehmen an nur drei bis fünf Personen weiter.

Gerade an dieser Stelle lässt sich die Bedeutsamkeit eines Beschwerdemanagements erkennen: Die Beschwerde ist für das Unternehmen eine kostenlose Quelle für wichtige und detaillierte Informationen: Kunden, die sich beschweren, äußern (im Gegensatz zu denen, die inaktiv bleiben und praktisch nichts tun, oder denjenigen, die einfach still abwandern) ihre Unzufriedenheitsgründe und geben dadurch wertvolle Informationen über Missstände und Ansätze zur Verbesserung preis. Äußert ein unzufriedener Kunde seine Beweggründe aufgrund eines fehlenden Beschwerdemanagements nicht oder verschweigt er sie sogar, so steigt die Gefahr, dass er zu einem Konkurrenten abwandert.[96] Aufgrund dieser Bedeutsamkeit kommt einem systematischen Beschwerdemanagement eine zentrale Rolle bei der Bindung von Kunden und der Sicherung des Unternehmenserfolges zu.

---

[95] Vgl. [Mark03].

[96] Vgl. [Dill05, S. 264].

Die wesentlichen Aufgaben eines Beschwerdemanagements sind in Abbildung 5 dargestellt. Man unterscheidet zwischen dem direkten und dem indirekten Beschwerdemanagementprozess. Der direkte Beschwerdemanagementprozess erfordert den Kundenkontakt und ist unterteilt in Beschwerdestimulierung, -annahme sowie -bearbeitung und -reaktion. Der indirekte Beschwerdemanagementprozess läuft innerhalb des Unternehmens ab und umfasst die Aufgaben Beschwerdeauswertung und -management. Der Kunde ist daran nicht unmittelbar beteiligt.

Kunde

Direkter Beschwerdemanagementprozess

Beschwerdestimulierung → Beschwerdeannahme → Beschwerdebearbeitung → Beschwerdereaktion

Indirekter Beschwerdemanagementprozess

Beschwerdeauswertung → Beschwerdemanagement-Controlling → Beschwerdereporting → Beschwerdeinformationsnutzung

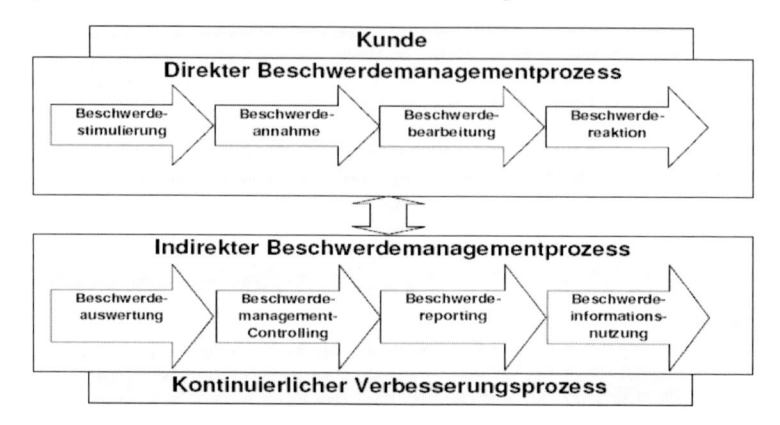

Kontinuierlicher Verbesserungsprozess

Abb. 6: Direkter und indirekter Beschwerdeprozess[97]

3.3.2.2 Cross-Selling

Cross-Selling versucht, einem Kunden beim Verkauf eines Produktes gleichzeitig ein weiteres Produkt mitzuverkaufen. Bestehende Kundenkontakte werden aktiviert, um weitere Produkte bzw. Dienstleistungen an dieselben Kunden zu verkaufen. In einem Verkaufsgespräch können dem Kunden weitere Produkte aus dem Leistungsprogramm des Unternehmens angeboten werden. Cross-Selling kann als Instrument des CRM eingesetzt werden, um den Kunden vollständig an ein Unternehmen zu binden.

Während sich ein finanzieller Nutzen bereits kurzfristig einstellen kann, kommt ein anderer Effekt des Cross-Selling erst langfristig zum Tragen: die stärkere Kundenbindung. Dazu bedarf es vorab einer gründlichen Analyse der Kunden und ihrer Bedürfnisse. Zur Klärung können die interne Kundendatenbank (Data Warehouse) oder Kundenbefragungen dienen ebenso wie Einschätzungen von Mitarbeitern mit häufigem Kundenkontakt. Grundsätzlich müssen Cross-Selling-Angebote zu den Kernprodukten des Unternehmens passen, das heißt, zu diesen in einer Verbundbeziehung stehen. Durch den Kauf müssen sich für den

---

[97] In Anlehnung an [Stau05, S. 320].

Kunden Vorteile bei dem Unternehmen oder durch die gemeinsame Nutzung ihrer Produkte ergeben.[98]

Durch eine Studie wurde belegt, dass gerade mal 30 Prozent der Kunden mehr als eine Produktkategorie beim jeweiligen Unternehmen beziehen. Hierzu wären jedoch 60 bis 90 Prozent der Kunden bereit. Somit liegt es am Unternehmen, seinen Kunden mehrere Produkte anzubieten und diese Produktkategorien auch bekannt zu machen.

Die nachstehende Abbildung zeigt, wie sich der Verkauf und somit auch der Umsatz eines Unternehmens steigern können, wenn dem Kunden alle Produkte bzw. Leistungen bekannt sind.[99]

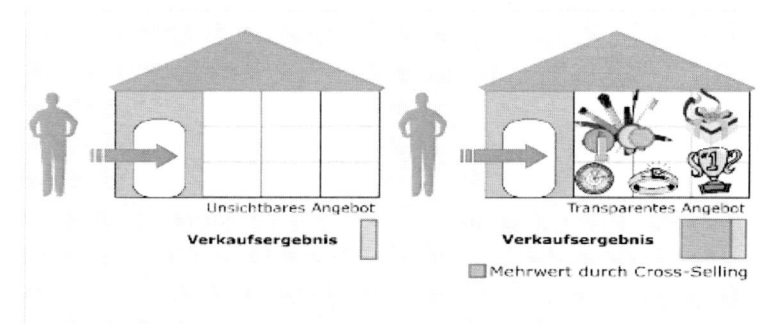

Abb. 7: Mehrwert durch Cross-Selling[100]

---

[98] Vgl. [HBM00].
[99] Vgl. [Sale00].
[100] Vgl. [Ilti00].

4 Gründe für das Scheitern von CRM-Systemen

Wie bereits in Kapitel 2 aufgeführt wurde, ist CRM in den letzten Jahren verstärkt in Mode gekommen. Daher haben sich viele Unternehmen zu einer Implementierung von CRM-Systemen entschlossen.

Die Art und Weise der Beziehung und der individuelle Kontakt mit dem Kunden bieten eine ideale Ausrichtung auf die Kunden- und Marktanforderungen. Konkurrenzvorteile und beachtliche Einsparungen sind mit dem Einsatz von CRM möglich. Qualität wie auch der langfristige wirtschaftliche Nutzen von Kundenbeziehungen können durch den Einsatz von CRM optimiert werden.

Die Entscheider in den Unternehmen werden mit diesen oder ähnlichen Versprechungen überzeugt und dadurch zum Kauf eines CRM-Systems angeregt – und das mit einem beachtlichen Erfolg.[101]

Während in den Jahren 2003 und 2004 die Kosten für CRM eher gering ausfielen, boomte das Jahr 2005 mit einem Wachstum von etwa 7 Prozent.[102] Möglicherweise wird CRM künftig zu den Themen mit den größten Wachstumschancen zählen.

Diese Angaben sind bestätigt und erhöhen die Erwartungen der Unternehmen an ein CRM-System. Dennoch scheitert keine Softwareeinführung so häufig wie diese. Die Giga Information Group ermittelte, dass mehr als 70 Prozent aller CRM-Projekte an ungenügender Planung und Zielsetzung scheitern. Pagoda Consulting meldet, dass 80 Prozent der CRM-Projekte nach Abschluss nicht die Anforderungen der Vertriebsmitarbeiter in den Unternehmen erfüllen.[103] Angesichts dieser Zahlen wird deutlich, dass bei CRM-Projekten ein sorgfältigeres Arbeiten seitens der beteiligten Personen nötig ist, damit die vielen Vorteile von CRM wirksam werden.

Die Implementierung eines CRM-Systems hat zwar einigen Unternehmen geholfen, Prozesse zu optimieren und Kunden besser zu „segmentieren". Viele Unternehmen waren jedoch zu besessen, ihre Kundenprozesse zu rationalisieren und zu automatisieren, so dass die strategische Gestaltung der Kundenbeziehung, der Grundgedanke von CRM, dabei in Vergessenheit geraten ist. Den Blickwinkel auf Technologien und Prozesse zu richten ist dabei nur ein – und zwar der einfachste – Teil der Aufgabe. So haben zahlreiche Unternehmen CRM-Systeme stellvertretend für eine definierte Kundenstrategie eingeführt.

---

[101] Vgl. [Kehl01, S. 259 f.].
[102] Vgl. [Pac06].
[103] Vgl. [Sten01, S. 24].

Hierbei sollte ein System lediglich als Instrument dienen, um die Unternehmen konsequent auf den Aufbau, die Verbesserung und den Erhalt strategischer Kundenbeziehungen hin auszurichten.

Dies zeigt sehr deutlich, dass viele Unternehmen sich des Problems einer CRM-Einführung einfach nicht bewusst sind. So gibt es eine Fülle an „Stolpersteinen", die in strategischen, personalpolitischen oder technologischen Ursachen begründet liegen können. Im Folgenden wird darauf näher eingegangen.

4.1 Die strategische Perspektive

Die Unternehmen scheinen von der CRM-Technologie und den daraus resultierenden Möglichkeiten so begeistert zu sein, dass häufig eine Implementierung ohne eine Einführungsstrategie erfolgt. Dabei sind für den langfristigen Erfolg von CRM die Entwicklung und Aufrechterhaltung einer kundengerichteten Unternehmensstrategie ein notwendiger Faktor. Größtenteils wird zwar eine klare Vision bei der Strategiefindung aufgestellt, diese ist jedoch nicht unbedingt für alle Mitarbeiter verständlich, da es sich meist um eine vollständig neue Ausrichtung des Unternehmens handelt.[104]

Eine Strategieentwicklung und Projektierung von CRM sollte stets mit der Unterstützung des Managements erfolgen. Ohne Beteiligung fühlen sich die Mitarbeiter aufgrund der Veränderungen von Prozessen und Aufgaben allein gelassen, da ihnen keine Möglichkeit gegeben wird, sich frühzeitig eine Vorstellung über die neue Unternehmensphilosophie zu verschaffen.[105] Dies könnte zu mangelnder Akzeptanz und Widerständen seitens der Mitarbeiter führen.

Die Softwarehersteller stellen mit ihren Versprechungen hinsichtlich Effizienzverbesserungen in Vertriebs- und Kundenprozessen und bezüglich der damit einhergehenden schnellen Amortisation der Kosten für die technologischen Komponenten ein weiteres Problem dar. So spielt aber im Vertrieb die Effizienz eine eher untergeordnete Rolle, da die Effektivität im Vordergrund steht – „nur der Beste kann den Auftrag bekommen – schon der Zweitbeste nicht". Durch die Versprechen der Softwarehersteller werden meist zu hohe Erwartungen an die Einführung eines CRM-Systems geknüpft.[106] Es wird zu sehr auf die Renditen und weniger auf die Beziehung zum Kunden geachtet. Ebenso ist eine mangelnde prozessorientierte Organisationsform in zahlreichen Unternehmen problematisch. Zum einen richtet sie lediglich die CRM-Prozesse an den Kundenprozessen aus und zum anderen hat

---
[104] Vgl. [Wess01, S. 172].
[105] Vgl. [Kehl01, S. 260].
[106] Vgl. [Kehl01, S. 261].

sie die Planung und Implementierung eines CRM-Systems zum Ziel. Erst eine dem Kundenbeziehungsmanagement angepasste Organisationsform des Unternehmens ermöglicht die Potenziale, die mit CRM realisiert werden können. So berücksichtigt eine solche Form der Organisation den Mitarbeiter auf vielfältige Weise. Anreizsysteme und Schulungen können eine Nutzung des CRM-Systems durch die Mitarbeiter sicherstellen. [107]

Häufig wird das Verkaufsteam, das i. d. R. die potenziell besten Kunden identifizieren könnte, nicht in die organisatorischen Veränderungsprozesse einbezogen. Dabei sind es besonders diese Mitarbeiter, die dem Management notwendige Anhaltspunkte über Wünsche und Bedürfnisse der Kunden geben. Dadurch könnten Geschäftsprozesse kundenfreundlich gestaltet und strategisch optimiert werden. [108]

4.2 Die personalpolitische Perspektive

Wie bereits angesprochen, ist die Akzeptanz der Mitarbeiter ein bedeutender Faktor für den Erfolg eines CRM-Projektes. Unternehmen, die lediglich eine CRM-Software kaufen und installieren, werden gegenüber anderen möglicherweise mit Mehrkosten belastet. Denn eine wirksame Umsetzung von Veränderungen kann nur der Mensch selbst bzw. als Teil einer Organisation erreichen. Eine Strategie, Technologie oder die Geschäftsprozesse allein bewirken ohne die Hilfe des Menschen noch keine Veränderung.[109] Allerdings erwecken viele Unternehmen den Eindruck, diese Aufgabe schnellstmöglich durch den bloßen Kauf der Software abhandeln zu wollen.

CRM führt letztendlich u. a. zu einem durchsichtigen Mitarbeiter, da die Leitung jederzeit einen Überblick über alle Vertriebsprojekte hat, um auf diese Weise bei schwächeren Mitarbeitern entsprechend eingreifen zu können.[110] Dies kann zur Folge haben, dass der Außendienst in Besuchsberichten zum eigenen Schutz falsche Angaben macht oder einzelne Verkaufschancen überhaupt nicht anführt.
Ein weiterer Grund, der zum Scheitern von CRM-Implementierungen führen kann, wird in der mangelhaften Schulung der eigenen Mitarbeiter gesehen. Vor dem Einsatz eines CRM-Systems finden häufig weder Anwenderschulungen statt noch befassen sich die Anwender mit dem System und seinem Nutzen für die Abwicklung der Geschäftsprozesse. Entscheidend ist hierbei nicht, ob die Mitarbeiter wirklich über detailliertes Wissen verfügen, sondern dass sie in jedem Fall den sofortigen Zugang zum verlangten Wissen über CRM-Tools besitzen, damit den Kundenanforderungen schnell entsprochen werden kann.[111]

---

[107] Vgl. [Schu02, S. 200].
[108] Vgl. [Wess01, S. 26].
[109] Vgl. [Gatt00, S. 242].
[110] Vgl. [Gode03, S. 302].
[111] Vgl. [Wess01, S. 26].

Ein weiteres Problem liegt in der Eigenschaft des sehr flexiblen Systems, da die Anwender eine Fülle von Möglichkeiten haben, bestimmte Daten aufzurufen bzw. abzubilden. Häufig wissen sie nicht genau, auf welche Daten später im Kontakt zu den Kunden zurückgegriffen werden muss. In Fällen, in denen Anwender wie Verkaufsleiter, Außendienstler und Call Center Mitarbeiter in derselben Schulung trainiert werden, wird man ebenfalls nur geringen Erfolg erwarten dürfen. Ein Verkaufsleiter wird zu keiner Zeit das benötigte Know-how eines Call-Center-Mitarbeiters brauchen, um seine Aufgaben zu erledigen. Demzufolge fehlt es an einer durchdachten Schulungskonzeption für spezifische Organisationseinheiten.[112]

4.3 Die technologische Perspektive

Obwohl die Komplexität eines ganzheitlichen, unternehmensweiten CRM-Ansatzes groß ist, versuchen einige Projektteams, alle Einflussfaktoren und gegenseitigen Abhängigkeiten konzeptionell auszuarbeiten, zu bewerten und in einem „großen Wurf" umzusetzen. Der Anlass besteht darin, dass eine gemeinsame Basis der Kundendaten innerhalb der einzelnen Geschäftsbereiche vorliegen soll, damit die darin enthaltenen Daten umfassend, vollständig und aktuell sind.[113] Dies ist grundsätzlich richtig, allerdings verlieren viele besonders zu Beginn eines Projektes aufgrund der Datenflut leicht den Überblick.

Des Weiteren treffen viele Unternehmen aufgrund der großen Anzahl an CRM-Systemanbietern nicht immer die richtige Entscheidung bezüglich der Softwareauswahl. Dies liegt unter anderem daran, dass sich fast jedes Produkt, welches auch nur annähernd Kundendaten verarbeitet, als CRM-System am Markt bezeichnet.
Dadurch wird es den Entscheidern in den Unternehmen nicht einfach gemacht. Neben zahlreichen Branchen, Funktionen und technologischen Unterschieden sollte sich zunächst ein Überblick auf dem Anbietermarkt verschafft werden. Meist werden viel zu früh Softwareanbieter eingeladen, die mangels eines erstellten Pflichtenheftes den Kunden lediglich anhand der Schwerpunkte ihrer Produkte beraten können. Dies stellt für den Kunden keine optimale Lösung dar und kann zum Scheitern von CRM-Systemen führen.

Aus diesem Grunde sollte beim Kauf eines CRM-Systems darauf geachtet werden, dass es auf das Unternehmen „zugeschnitten" ist. Das heißt, um Beständigkeit zu gewährleisten, sollte durch einen detaillierten Anforderungskatalog, den der Kunde zuvor definiert, die „Best Fit Solution" ausgewählt werden, da jedes Produkt seine Stärken und Schwächen hat. Branchen- und unternehmensspezifische Ansprüche führen zu individuellen Profilen eines jeden Unternehmens.[114]

---

[112] Vgl. [Schu02, S. 206].
[113] Vgl. [Rein03, S. 64].
[114] Vgl. [Kehl01, S. 268].

Es reicht nicht aus, nur das CRM-System einzuführen und zu glauben, dass hierdurch ein strategisches Kundenbeziehungsmanagement möglich ist. Wie bereits erwähnt, sollte sich ein Unternehmen im Klaren sein, dass CRM nicht viel mit IT zu tun hat. Schließlich ist es keine Entscheidung über eine Softwareeinführung, sondern eine strategische Frage. CRM sollte von der Geschäftsleitung bis hin zum einzelnen Mitarbeiter „gelebt" werden. Geschäftsprozesse, Techniken und Mitarbeiter müssen auf die Wünsche der Kunden individuell angepasst werden. Die Gunst des Kunden zu gewinnen, sollte zum primären Ziel gesetzt werden. Dadurch kann ein erfolgreiches Kundenbeziehungsmanagement aufgebaut werden, das ein wesentlicher Erfolgsfaktor vieler Unternehmen in naher Zukunft sein wird.

5 Anforderung und Auswahl eines CRM-Systems

5.1 Anforderung an ein CRM-System

In einem Sollprofil beschreibt ein Unternehmen seine individuellen Anforderungen an ein CRM-System. Die typische Wunschliste eines Sollprofils von Unternehmen für CRM-Projekte sieht beispielsweise folgendermaßen aus: eine benutzerfreundliche und leicht überschaubare Bearbeitungsmaske, ein Zugriff auch über das Internet, eine vollständige Integration der Daten in die bestehende IT-Landschaft und eine einfache Pflege von Kundendaten. Selbstverständlich könnte ein solches Profil noch um weitere Anforderungen ergänzt werden, sie alle führen aber nicht zum gewünschten Ziel – der strategischen Gestaltung der Kundenbeziehung. Hierbei stellt sich natürlich die Frage nach dem *Warum*.

Der Grund hierfür liegt wahrscheinlich darin, dass CRM-Systeme vielfach technologiegetrieben anstatt strategisch ausgerichtet sind, d. h., es fehlt die strategische Planung und Gestaltungsfunktion für Beziehungen zu Kunden und Interessenten, auch im Hinblick auf mögliche Wettbewerber. Auf dem Markt werden heutzutage rund 120 CRM-Systeme angeboten. Diese Systeme sind vielfach auf Effizienz und Produktivität ausgerichtet, so dass sie oft nur kurzfristige Wettbewerbsvorteile verschaffen. Mit einem solchen System, das ausschließlich operative Zwecke optimiert, werden weder die Mitarbeiter bei ihren erfolgsrelevanten Aufgaben unterstützt noch lässt sich ein geeignetes Vertriebsmodell oder ein individuelles Wettbewerbsinstrument zur proaktiven, strategischen Bearbeitung des Marktes entwickeln.

Der Vertrieb stellt letzten Endes einen „Wettkampf um die bessere Gestaltung von Beziehungsnetzwerken zu lohnenden Kunden" dar. CRM-Anbieter, die Aktivitäten von Wettbewerbern in ihren Lösungen nicht berücksichtigen, bieten folglich nur Hilfestellung zur Automatisierung und reinen Datenverwaltung an. Dazu muss aber kein teures CRM-System gekauft werden, denn in diesem Bereich gibt es zahlreiche preisgünstige Alternativen.

Dieses Missverständnis des eigentlichen Kernproblems, der „Gestaltung der Kundenbeziehung", ist, wie bereits in Kapitel 4 erwähnt, neben einigen anderen möglichen Gründen ein wesentlicher für das häufige Scheitern von CRM-Implementierungen. Zwar können diese Probleme, sei es eine fehlerhafte Integration eines CRM-Systems oder das mangelnde Mitarbeiter-Know-how, durch eine sorgfältige Planung und Implementierung minimiert bzw. beseitigt werden, letzten Endes stellt dies aber nur eine gewisse Grundqualität dar. Falls diese Gründe für ein mögliches Scheitern behoben werden, ist noch lange nicht gewährleistet, dass ein CRM-System den Unternehmen auch hilfreich ist, nämlich dem eigentlichen Grund der Einführung – die Beziehung zu seinen Kunden und Interessenten zu verbessern und dabei erfolgreicher zu sein als mögliche Wettbewerber.[115]

Dazu wurde in dieser Arbeit ein Sollprofil erstellt, das aufzeigen soll, was CRM-Systeme strategisch und taktisch leisten müssen, um der Gestaltung der Kundenbeziehung gerecht zu werden. Das Sollprofil dient folglich dazu, eine detaillierte Beschreibung der zu erfüllenden Leistung und des Nutzens eines CRM-Systems darzustellen. Die Inhalte des Profils sind durch einen Vergleich verschiedener Softwarelösungen von CRM-Anbieter[116] und Überlegungen im Hinblick auf den möglichen strategischen und taktischen Nutzen entstanden. Das Sollprofil wurde theoretisch verfasst und hat keinen praktischen Bezug zu einem Unternehmen, daher ist keine Vollständigkeit gewährleistet, da Unternehmen möglicherweise weitere individuelle Anforderungen an CRM-Systeme stellen.

5.2 Aufbau des Sollprofils

Im Folgenden werden Module eines CRM-Systems aufgezählt und erläutert. Sie stellen an ein CRM-System notwendige Anforderungen dar, die erfüllt werden müssen, um der strategischen Gestaltung von Kundenbeziehung gerecht zu werden:

- **Adressen- / Kundenmanagement:**

    Dieses Modul stellt das Herzstück an ein CRM-System dar. Denn hier befinden sich die wertvollen Daten eines jeden Unternehmens – die potenziellen Kunden. Bei den meisten Herstellern lassen sich hier große Unterschiede erkennen. Vielfach werden Adressvalidierung und die -anreicherung mit Unternehmensdaten angeboten. Eine Dublettenprüfung mit anschließender -bereinigung wird häufig auch unterstützt. Neben allgemeinen Möglichkeiten der Speicherung von Anschaffungsbudgets, Ansprechpartnern, Zielvereinbarungen und Kundenbonitätsüberwachung fehlt es bei den meisten Herstellern an einer Abbildung der notwendigen Daten, wie z. B. des Kundenbindungsstatus, des Kundenlebenszyklus und der jeweiligen individuellen Kundenstrategie. Diese Daten sind im Hinblick auf einen strategischen Nutzen nicht nur hilfreich, sondern essenziell notwendig. So kann zu jeder Zeit der zuständige Mitarbeiter bei eventuellen Problemen weitere Hilfsmittel heranziehen, um den Kunden besser zu betreuen, damit dieser im schlimmsten Fall nicht zur Konkurrenz wechselt.

---

[115] In Anlehnung an [Acke06].
[116] Vgl. [Sale06].

- **Auswertungen / Analysen**

Ein weiteres notwendiges Instrument stellen Auswertungs- und Analysereports dar. Dazu zählen beispielsweise die Absatz-/Umsatzauswertungen, Cashflow[117]-Analysen, Forecast[118], Reklamationsauswertungen, Soll-Ist-Abweichungen und Hitrate-Analysen für Marketing-Kampagnen. Vielfach fehlt es jedoch in diesem Bereich an Möglichkeiten zur Marktanalyse. Dies ist ein sehr wichtiger Punkt, um zum einen mögliche Wettbewerber auf bestehenden Märkten ausfindig zu machen und zum anderen den potenziellen Bedarf auf dem jeweiligen Markt abzubilden.

Ein weiteres strategisch-nützliches Instrument stellt die Kundenklassifizierung dar. Dies könnte anhand eines Klassifizierungswürfels (siehe dazu Kapitel 6.1). in einem CRM-System abgebildet werden. Dadurch bieten sich vielfältige Möglichkeiten an. Das Unternehmen kann eine Auswertung in Richtung lohnender und weniger lohnender Kunden fahren. Hierdurch wird gesichert, dass Kunden individuell betreut werden. Die für ein Unternehmen wichtigen *1er Kunden* intensiv durch den Außendienst und die *9er Kunden* durch den Innendienst. Dies garantiert sowohl eine individuelle Möglichkeit der Betreuung als auch eine erhebliche Senkung der Kosten.

- **Vertriebsprojekte**

Hierunter fallen sämtliche Möglichkeiten der Verfolgung von Kundenanfragen, über die Auftragsgenerierung bis zum Verkaufsabschluss. Die Hersteller bieten hier verschiedene Möglichkeiten an. Was letztendlich fehlt und strategisch von Nutzen wäre, ist die Möglichkeit der Abbildung der einzelnen Schritte des Kaufprozesses beim Kunden.

Viele Verkaufsprozesse gehen verloren, da Unternehmen die Verkaufschancen nicht an den Verlauf des Kaufprozesses des Kunden ausrichten, sondern ausschließlich am Verkaufsprozess und den Produkten mit den Alleinstellungsmerkmalen betrachten. Dies kann weitgehend vermieden werden, indem der Verkaufsprozess beobachtet und mit zuvor definierten Messkriterien abgebildet wird. Diese Kriterien kann sich ein Unternehmen aus vergangenen Vertragsabschlüssen ableiten und analysieren, u. a. welche Kriterien aus Kundensicht zum Abschluss führten oder wie viele Angebote abgegeben werden mussten.

---

[117] Vgl. [Boer06] Der Cashflow ist eine aus dem angelsächsischen Raum stammende Gewinnkennzahl zur Unternehmensanalyse. Er beschreibt den Zugang an flüssigen Mitteln in einer Abrechnungsperiode. Seine Höhe ergibt sich im Wesentlichen aus der Addition von Jahresüberschuss, Steuern vom Ertrag und Einkommen, Abschreibungen sowie Veränderungen der langfristigen Rückstellungen. Aus seiner Höhe und Entwicklung lassen sich Rückschlüsse auf das Finanzierungspotenzial eines Unternehmens ziehen.
[118] Forecast = Zukunftsprognosen.

Dazu bietet sich die Möglichkeit einer Abbildung des Verkaufsprozesses als Verkaufstrichter[119] an. Der Verkaufstrichter ist ein strategisches Steuerungsinstrument, das den Verkaufsprozess in einzelne Phasen abbildet. So beginnt dieser mit einer Identifizierungsphase des Kunden, anschließend folgen die Qualifizierungs-, Verteidigungs-, Angebots-, Entscheidungs- und letztendlich der Realisierungsphase. In diesem Prozessmodell wird die Synchronisation von Verkaufs- und Kaufprozess unter besonderer Berücksichtigung der Wettbewerbssituation in den Vordergrund gestellt. Die Mitarbeiter werden zu einer systematischen Vorgehensweise angehalten, anstatt unkoordinierte Aktivitäten durchzuführen. Damit avanciert der Verkaufstrichter zu einem Steuerungsinstrument für Verkaufsprozesse, bietet darüber hinaus ein Instrument zur Generierung von Auftragsprognosen und dient zugleich als Coachinginstrument.

- **Abbildung des Wettbewerbs**

Eine Möglichkeit, um bestehende Wettbewerber eines Unternehmens abzubilden, zu beobachten oder zu analysieren, wurde bei keinem der ausgewerteten CRM-Anbieter gefunden. Über die Konkurrenz Bescheid zu wissen, ist von strategischem Nutzen und Vorteil. Hilfreich dazu sind Marktanteile, Wettbewerberprodukte oder -bilanzen. Wenn das Unternehmen die Marktposition stärken will, muss es die Kundenbeziehungen zwangsläufig proaktiv gestalten, die Kaufprozesse beeinflussen, sich auf lohnende Marktpartner konzentrieren und gleichzeitig den Wettbewerbern überlegen sein. Aus diesem Grund ist ein solches Modul in einem CRM-System nicht nur von Vorteil für die eigene Marktposition, sondern auch um die Unternehmenszukunft zu sichern.

- **Workflow**

Der Workflow ermöglicht Unternehmen, die Geschäftsabläufe zu standardisieren, zu optimieren und zu überwachen. Hierunter fallen u. a. Besuchsberichte/Tourenplanung, Kampagnen und Mailingaktionen, Neukundengewinnungskampagnen, Monats-/Wochenübersichten, Besuchstermine und Spesenabrechnungen. Diese Standardabläufe werden von den meisten CRM-Herstellern angeboten. Darüber hinaus fehlt es an einer Strategien- und Aktivitätenübersicht für Kunden. So ist es vorteilhaft, wenn Mitarbeiter bei Bedarf die Historie des letzten Verkaufsabschlusses einsehen können, um dort die jeweils zuletzt angewandten Strategien bei einem Kunden verfolgen zu können.

---

[119] Vgl. [Acke01a, S. 19].

- **Technik / Kompatibilität**

Im Bereich Technik und Kompatibilität gibt es wenige Unterschiede. So setzen fast alle Anbieter auf die Integrationsmöglichkeit von ERP-Systemen, SAP/R3 oder CIM-Systemen. Ferner sind Internetanbindungen und Mehrsprachigkeit gegeben. Die CRM-Software sollte ferner eine netzwerkfähige Software sein. Auf diese Weise können mehrere Mitarbeiter zeitgleich Kundendaten bearbeiten. Hierdurch können sie zu jeder Zeit Informationen über Kunden bereitstellen, anlegen, ergänzen und auch pflegen.

Auch eine CTI[120]-Anbindung wird bei vielen Herstellern angeboten. Neben E-Mail ist und bleibt das Telefon das Hauptkommunikationsmedium im Umgang mit Kunden. Als zeitgleiches Dialogmedium ermöglicht das Telefon eine direkte Interaktion zwischen Unternehmen und Kunden. Auf Knopfdruck könnte ein Unternehmen den Kunden aus der CRM-Software heraus direkt anwählen. CTI kann aber auch umgekehrt eine Anruferidentifizierung im CRM-System ermöglichen. Ein Kunde ruft an und anhand seiner eingehenden Telefon-Nummer wird der entsprechende Stammdatensatz angezeigt. Dadurch ist eine schnelle Auskunft und Informationsbereitstellung für einen Mitarbeiter gegenüber einem Kunden gewährleistet.

Viele Hersteller setzen auf so genannte Standardmasken und Abbildungen. Dabei ist es wünschenswert, wenn die CRM-Software selbst angepasst werden kann, d. h. ohne hierfür Programmieraufwand durch einen Hersteller anzufordern. Individuell entwickelte Lösungen machen das Unternehmen abhängig vom Entwicklungs-Know-how des Herstellers. Werden beispielsweise kurzfristig andere Selektionsmöglichkeiten oder Ansichten auf die Daten benötigt, könnte dies schnell durch den Mitarbeiter vorgenommen werden. Basisfunktionen in CRM-Systemen wie der Dublettencheck, sind nur mit einem hohen Programmieraufwand zu implementieren.

Unterschiede gibt es in der Mandantenfähigkeit. Die Vorteile von Mandantensystemen sind insbesondere die zentrale Installation und Wartung sowie gegebenenfalls geringere Lizenzkosten (abhängig vom Lizenzmodell).

- **Produktkatalog**

Je nach Umfang des CRM-Systems deckt sich dieser Bereich auch mit anderen Anbietern. So bieten viele elektronische Produktkataloge mit Datenblättern zumProdukt

---

[120] CTI = Computer Telephony Integration.

und Preislisten an, damit der Mitarbeiter den Kunden jederzeit mit den benötigten Informationen versorgen kann.

- **Weitere Module**

    Hierunter fallen u. a. die Dokumentenverwaltung, die Messeverfolgung und Vertragsverwaltung. Diese Bereiche werden ebenfalls von den CRM-Herstellern angeboten.

Erstaunlich ist, dass das Beschwerdemanagement bei einigen Anbietern fehlt, oder bei Vorhanden sein nur aufpreispflichtig angeboten wird. Auf Wichtigkeit und Nutzen des Beschwerdemanagements wurde im Kapitel 3.3.2.1 ausführlich eingegangen.

Ein weiteres wünschenswertes Tool wären Warnlampen in bestimmten Bereichen. Ein Nutzen könnte darin bestehen, dass Mitarbeiter jederzeit über anfallende Termine, Events etc. durch ein blinkendes Lämpchen auf der Bildschirmmaske informiert werden.

Eine für ein Unternehmen frei konfigurierbare Oberfläche ist ebenfalls wertvoll und ermöglicht es, dass Kundendaten so dargestellt werden können, wie es für den Vertrieb von Vorteil ist. Im Sinne der einzelnen Arbeitsschritte in einem Vertriebsprozess ist es wertvoll, dass sich die Ansichten für die einzelnen Arbeitsschritte definieren lassen. Ein Beispiel dafür ist die Bedarfsqualifizierungsstufe in einem Verkaufprozess. Hier werden viele Profildaten über Kunden gesammelt. Wenn dagegen ein Angebot abgegeben wird, werden relevante Informationen über die Angebotssumme, die Auftragswahrscheinlichkeit und der Entscheidungszeitpunkt benötigt.

5.3 Zusammenfassung der Ergebnisse

Wie bereits angesprochen, wurden durch eine Auswahl von CRM-System Anbietern notwendige Anforderungen an ein strategisches CRM-System aufgezählt. Dieses Sollprofil bietet durchaus Erweiterungsmöglichkeiten und ist somit nicht vollständig. So sollte der strategische Nutzen an ein CRM-System in der Verbesserung der Informationserfassung, -auswertung und des Informationsflusses der Vertriebsdaten in einem Unternehmen angesehen werden. Dadurch ist ein ständiger Informationsaustausch zwischen dem Unternehmen und dem Außendienst möglich.

Durch die Darstellung des Wettbewerbs in einem CRM-System können der Aufbau und die Nutzung von Marktwissen und daraus schließlich Vertriebs- und Marketingstrategien abgeleitet werden. Anschließend können notwendige Maßnahmen für den jeweiligen Kunden hergeleitet werden. Durch ein strategisches CRM-System bekommen die Mitarbeiter ferner ein geeignetes Instrument für die individuelle zielgerichtete Marktbearbeitung. Durch die Fortschrittskontrolle der Verkaufschancen in dem angesprochenen Verkaufstrichter kann die Vertriebsleitung zudem Zielvereinbarungen treffen, ebenso können Verkaufsabschlüsse ausgewertet werden, womit ein strategisches CRM-System auch als Coachinginstrument dienen kann. Die dargelegten Anforderungen des Sollprofils bilden folglich die Grundlage für die Auswahl einer geeigneten CRM-Software für ein Unternehmen.

5.4 Auswahl eines CRM-Systems

IT-Systeme können kritisch für den Unternehmenserfolg sein, wenn falsche Auswahlentscheidungen bei der Software getroffen werden. Der Markt für CRM-Lösungen ist dynamisch, intransparent, ein echter Trend (On-Demand-Lösungen[121], Open-Source-Produkte[122]) und bloße Worthülsen der CRM-Anbieter sind nicht leicht zu unterscheiden. Ein möglicher Weg eines individuell angemessenen CRM-System wird im Folgenden dargestellt.

Ein CRM-System soll das Management von Kunden und die Kundenbeziehungen unterstützen, hierzu muss es verschiedene „Insellösungen" wie Computer Aided Selling, Helpdesk, Call-Center-, Marketing- und Webanwendungen in eine Systemlandschaft integrieren können, zusätzlich sollte die Anbindung von anderen Systemen wie ERP- oder CIM-Systemen ermöglicht werden.

Um eine ganzheitliche Sicht auf den Kunden zu gewährleisten, sollte die Datenhaltung auf eine logische Datenbank (siehe Kapitel 2.4) reduziert werden. Das System sollte ferner eine Synchronisation und operative Unterstützung der zentralen „Customer Touch Points" (Kundenkontaktpunkte) Marketing, Vertrieb und Service ermöglichen. Weitere Aspekte sind die „Einbindung aller Kommunikationskanäle zwischen dem Kunden und dem Unternehmen" und schließlich die „Zusammenführung und Auswertung aller Kundeninformationen". Denn ein Kunde soll sich von einem ganzheitlich handelnden Unternehmen bedient fühlen. Dabei spielt es keine Rolle, für welchen Zugangskanal des Unternehmens dieser sich entscheidet (Multi-Channel-Access[123]) oder welche Interaktion erledigt wird (z. B. Anfrage, Angebot, Beschwerde).[124]

---

[121] Vgl. [Saxx06]. Bei „Software On Demand" erhält der Kunde über öffentliche Netze Zugriff auf zentrale, serverbasierende, vorkonfigurierte Anwendungen. Der Softwareanbieter bzw. Dienstleister betreibt die Software zentral und organisiert die gesamte Administration wie Updates, Patches oder auch Backups. Der Zugriff auf die Software erfolgt webbasiert.
[122] Vgl. [Medi06]. Aus dem Englischen übersetzt, bedeutet der Begriff „offene Quelle". Als Open Source wird also Software bezeichnet, deren Quellcode für jedermann zugänglich ist. Alle Informationen und Funktionen einer Software stehen in Programmiersprache in seinem Quellcode.
[123] Vgl. [SAP06] Multi-Channel-Access ermöglicht einen Zugriff auf die Systeme über Web, Sprache, mobile Endgeräte, Messaging (Nachrichtenübermittlung) und Funk. Ferner bietet es eine universelle und sichere mobile Infrastruktur für den Einsatz betriebswirtschaftlicher Anwendungen.
[124] Vgl. [Hipp02, S. 12 ff.].

Auf dem Markt kann zwischen zwei CRM-Anbietern unterschieden werden. Die einen bieten ein vollständiges CRM-System an, während sich die anderen auf Teilfunktionen spezialisiert haben. So werden in einigen CRM-Systemen zum Teil Komponenten anderer Systeme, deren Herkunft nicht im CRM-Umfeld liegt, zur Bewältigung von CRM-Aufgaben genutzt, wie z. B. SPSS[125] zur Unterstützung von Data-Mining-Funktionen. Aus diesen Zusammenhängen stellen sich die in CRM-Systemen realisierten Instrumente ebenso vielseitig dar wie die Realität, - das Kunden-beziehungsmanagement mit seiner Fülle unterschiedlicher Beziehungen und daraus erwachsender Aufgabenbereiche - die sie unterstützen sollen. Daher bieten zahlreiche Nischenanbieter unterschiedlichste Spezialfunktionen am Markt an, so dass dieser sich sehr heterogen darstellt. Der Ambition der ganzheitlichen Gestaltung der Kundenbeziehung werden die bisherigen verfügbaren Systeme nur teilweise gerecht, da viele CRM-Anbieter immer noch glauben, es gehe bei der Herstellung von Software um Informationsbereitstellung und Effizienz. So setzen allgemein die bislang in CRM-Systemen umgesetzten Instrumente im Wesentlichen an der Erhöhung der Prozesseffizienz an, weniger an der Verbesserung der Effektivität von Marketing und Vertrieb. Im Vordergrund steht also eine Optimierung der Informationsverteilung, weniger die Steuerung der Kundenbeziehung auf Basis von Kundeninformationen. Ein Fehler wäre es, daraufhin auf CRM-Systeme zu verzichten. Vielmehr sollten CRM-Anbieter die Systeme dahingehend weiter entwickeln, dass eine Gestaltung der Kundenbeziehung ermöglicht wird.[126]

---

[125] SPSS=Statistical Product and Service Solution.
[126] Vgl. [Helm01, S. 12–13].

6 Die erfolgreiche Implementierung von CRM

Dieses Kapitel gibt einen Überblick über die notwendige Vorgehensweise, um CRM-Projekte erfolgreich einzuführen. Da der Aufbau eines jeden Unternehmens verschieden ist, kann eine allgemeingültige Lösung für die Einführung nicht gegeben werden. Anhand der folgenden Vorstellung eines idealtypischen Phasenmodells zur Implementierung von CRM wird ein eigener Ansatz vorgestellt. Dieser Lösungsansatz lehnt sich an den Methodenvorschlag von Schulze[127] an.

Die Einführung von CRM wird sehr oft auf die Einführung eines CRM-Systems begrenzt. Um sämtliche Leistungen des CRM jedoch nutzen zu können, muss die Einführung von den Kunden ausgehend (eine kundenorientierte Sichtweise) in die Organisation des Unternehmens eingegliedert werden. Dabei ist eine systematische und ganzheitliche Vorgehensweise erforderlich. Durch den Methodenvorschlag können, den Anforderungen der Kundenorientierung entsprechend, vom Kundenprozess ausgehend, Frontoffice-Prozesse neu gestaltet und dabei die Mitarbeiter mit berücksichtigt werden.

Der Lösungsansatz besteht aus einer bestimmten Reihenfolge von Phasen, die in einem Vorgehensmodell angeordnet sind. In jeder dieser Phasen werden gewisse Ergebnisse erzielt, die für folgende Phasen eine Voraussetzung bilden.[128] Nachfolgend werden die einzelnen Phasen, beginnend mit der Entwicklung einer CRM-Einführungsstrategie über die Planungs- und Analysephase sowie der Konzeptionsphase bis zur Umsetzungsphase aufgeführt und näher erläutert.

6.1 Entwicklung einer CRM - Einführungsstrategie

Einen wichtigen Aspekt bei der Strategieentwicklung im Kundenbeziehungs-management stellt die Auswahl der (potenziellen) Kunden dar. Diese ist nämlich Ausgangslage für alle weiteren Aktivitäten im Kundenbeziehungsmanagement. Bevor der Versuch unternommen wird, eine langfristige Beziehung aufzubauen, muss geprüft werden, welche Kunden dafür in Frage kommen. Zudem ist es für Unternehmen zunehmend wichtig, die Beziehung zu ihren Kunden so weit als möglich individuell zu gestalten mit der Absicht, den Kunden langfristig an sich zu binden. Mit wachsender Individualisierung jedoch nehmen die Kosten einer solchen Beziehung zu. Es ist daher notwendig, vor dem Aufbau einer Beziehung eine Segmentierung und Bewertung der Kunden durchzuführen. Dazu bedarf es geeigneter Verfahren, welche es ermöglichen, den Wert einer Geschäftsbeziehung über den Zeitraum

---
[127] Vgl. [Schu02].
[128] Vgl. [Schu02, S. 111–112].

ihres Bestehens zu erheben. Somit rückt der „wertvolle Kunde" immer mehr in den Mittelpunkt der unternehmerischen Tätigkeit.[129]

Da nicht jeder Kunde für ein Unternehmen den gleichen Wert hat, ist zuallererst eine systematische und kontinuierliche Analyse der bestehenden Kundendaten von grundlegender Bedeutung. Daran anschließend sind Strategien für die Kundenbearbeitung segmentspezifisch zu entwickeln. Schließlich soll das Ziel, die Profitabilität einer Kundenbeziehung zu optimieren, erreicht werden.[130]

Um dieses Ziel zu erreichen, müssen Kundendaten aufbereitet bzw. erkennbar gemacht werden, da sie als „anonyme Masse" in den meisten Unternehmen im EDV-System anfangs nur abgespeichert wurden. Diese „Masse" stellt für ein Unternehmen allerdings deren wertvollstes Potenzial dar. Mit Hilfe einer Klassifizierung der Kunden anhand vorher fest definierter Kriterien (z. B. Marktkompetenz, Marktpotenz, Akzeptanz) wird dies möglich. Durch sie kann ein Unternehmen sog. Kundenprofile generieren. Ein Kundenprofil ist ein Abbild von Daten der zuvor definierten Kriterien, wie allgemeine Informationen über die Branche, mögliche Wettbewerber, den Kundenwert, die Betreuungskosten, das Kundenwachstum, Ansprechpartner etc.[131] Ziel der Generierung des Kundenprofils ist nicht, möglichst viele Informationen zu sammeln, sondern alles Erforderliche über lohnende Kunden zu wissen. „Der typische Anwender ist Jäger und kein Sammler!".[132] Eine gezielte Bearbeitung wird hierdurch möglich, da ein wahlloses Umherschießen, um einen Glückstreffer zu erzielen, vermieden werden kann. Außerdem wird die Vertriebskapazität eines Unternehmens nie ausreichend sein, alle Kunden mit demselben Aufwand zu betreuen.

Die Klassifizierung der Kunden kann z. B. als strategisch-taktischer Portfolioansatz in einem so genannten Neunerfeld (siehe Abb. 8) anhand der Dimension Marktkompetenz und -potenz (Abszisse) und der Akzeptanz (Ordinate) eingeteilt werden.
Die erste Dimension bewertet den Kunden nach seiner Stärke auf dem Markt und seiner zukünftigen Entwicklung. Dabei kann gemessen werden, wie gut er sich gegenüber den Wettbewerbern behauptet. Die Marktpotenz gibt damit das Durchsetzungsvermögen, die Kompetenz, wie der jeweilige Markt bearbeitet werden kann, an.

---

[129] Vgl. [Bach00, S. 133].
[130] Vgl. [Homb05, S. 447].
[131] Vgl. [Acke01a, S. 49 ff.].
[132] Zitat [Acke01b, S. 113].

In der zweiten Dimension, der Akzeptanz, wird angegeben, wie der Kunde zu dem Unternehmen und deren Produkten oder Dienstleistungen steht, ob er eher das Unternehmen oder die Konkurrenz bevorzugt. Der Kunde im ersten Geschäftsfeld bevorzugt das Unternehmen als Lieferanten, wogegen der Kunde aus dem Geschäftsfeld sieben ausschließlich die Konkurrenz beim Kauf begünstigt. Folglich gibt die Akzeptanz das Maß an, wie gut das Unternehmen sich gegenüber dem Wettbewerb behaupten kann.

Aus nachstehender Abbildung wird deutlich, dass ein Kunde aus dem Geschäftsfeld eins für den Erfolg des Unternehmens maßgeblich beteiligt sein kann. Dieser Kunde bevorzugt das Unternehmen beim Kauf, hat eine große Zukunft und ein hohes Wachstum.[133]

	großes Wachstum, große Zukunft	mittelmäßiges Wachstum, mittelmäßige Zukunft	Stagnation, Rückgang, schlechte Zukunft
bevorzugt uns gegenüber unseren Wettbewerbern	1	2	3
arbeitet mit uns und unseren Wettbewerbern zusammen	4	5	6
bevorzugt unsere Wettbewerber	7	8	9

Abb. 8: Das Neunerfeld[134]

Die beiden Dimensionen Marktkompetenz und -potenz und die Akzeptanz bilden folglich das oben abgebildete Neunerfeld. Es kann noch eine dritte Dimension, der Bedarf des Kunden, hinzugefügt werden. Der Bedarf erweitert um einen etwaigen Anteil oder Verringerung stellt das künftige Potenzial des Kunden dar. Das so ermittelte Potenzial wird auf einen Mengenstrahl abgetragen und z. B. in drei Klassen A, B und C (Potenzialklassen) eingeteilt. Die Kunden werden nun entsprechend ihrem Potenzial den einzelnen Klassen zugeordnet und erhalten den entsprechenden Zusatz „A, B oder C-Kunden".

---

[133] Vgl. [Acke01a, S. 49 ff.].
[134] Vgl. [Acke01a, S. 53].

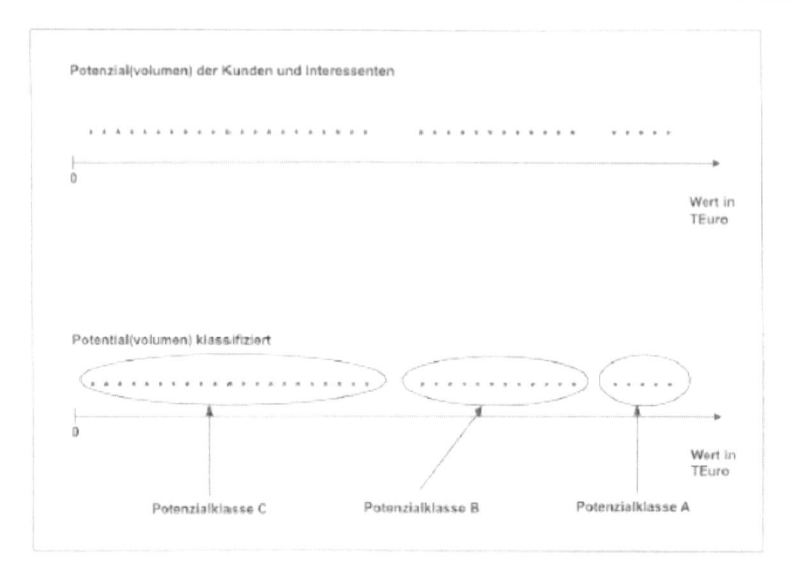

Abb. 9: Potenzial und Potenzialklassen[135]

Das künftige Potenzial bzw. die einzelnen Potenzialklassen dürfen nicht mit dem Umsatz, den das Unternehmen mit dem Kunden machen kann, verwechselt werden.

Wenn das Neunerfeld um die dritte Dimension des künftigen Potenzials erweitert wird, entsteht ein so genannter Würfel, der Klassifizierungswürfel. In diesem können Kunden mit homogenen Merkmalen gemeinsam in eine Schublade gesteckt werden. So wird ein Kunde in dem Geschäftsfeld 1 und der Potenzialklasse A als *1A-Kunde* bezeichnet.

Mit Hilfe des Würfels kann die zuvor bestehende anonyme Masse der Kundendaten eines Unternehmens aufgedeckt und eine gezielte Strategie zu einer langfristigen Kundenbeziehung (Kundenbindung) entwickelt werden. Neben Normstrategien wie Erhaltung-, Ausschöpfung-, Entwicklung-, Erschließung- oder Reaktivierungsstrategie, je nach Kundentyp, müssen noch individuelle Strategien folgen.

Der Klassifizierungswürfel stellt eine unternehmensweite Plattform dar, wodurch jeder Abteilung strukturierte Daten eines Kunden zur Verfügung gestellt werden können.[136] Nachfolgende Grafik veranschaulicht das Neunerfeld mit der dritten Dimension, dem Potenzial, zusammengefasst als Klassifizierungswürfel.

---

[135] Vgl. [Acke01a, S. 57].
[136] Vgl. [Acke01a, S. 49 ff.].

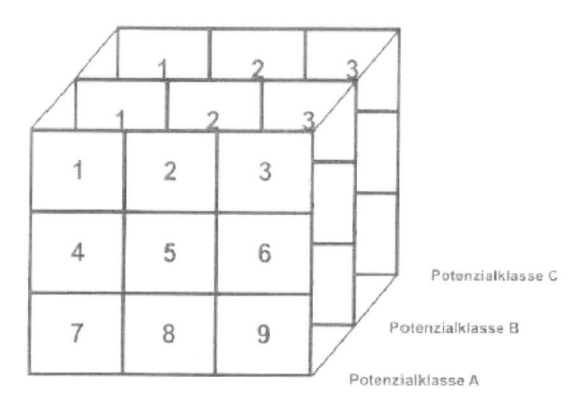

Abb. 10: Klassifizierungswürfel[137]

6.2 Planungsphase

In der Planungsphase werden die Voraussetzungen zur Projektdurchführung durch ein Projektteam geschaffen.[138] Als Projektteam wird eine Gruppe von Personen bezeichnet, die das Projekt faktisch umsetzen, die folglich die eigentliche Arbeit machen. Kennzeichnend dafür ist, dass es sich stets um Gruppen handeln sollte, die sich kennen, sich ergänzen und als eine Einheit gegenüber anderen auftreten. Das Problem eines Unternehmens ist es, eine möglichst neutrale Position zu finden, die verlässlich für das gesamte Unternehmen ist und für deren Kunden die optimale Lösung findet. Die IT-Abteilung allein scheidet aus, da sie keinen nötigen Kontakt zu den Kunden besitzt und demnach nicht in der Lage sein wird, die eigenen Prozesse an den Kundenprozessen auszurichten. Die Vertriebsmitarbeiter kennen zwar die Kundenprozesse und die Wünsche der Kunden sehr gut, doch steht bei den meisten Unternehmen in diesem Bereich die Neukundenakquisition im Vordergrund und nicht der Aufbau einer langfristigen Geschäftsbeziehung.[139]

Deshalb erscheint es sinnvoll, mindestens einen Vertreter aus jeder beteiligten Abteilung wie Marketing, Service, Support, IT und einen Experten für das begleitende Change Management (siehe dazu Kapitel 6.6) ins Projektteam mit aufzunehmen, um das Projekt erfolgreich umzusetzen. Weiterhin sollte zu Beginn eines Projektes ein Konzept zur Implementierung von CRM verfasst werden, in dem grundlegende Parameter eindeutig festgelegt werden.[140]

---

[137] Vgl. [Acke01a, S. 58].
[138] Vgl. [Schu02, S. 126].
[139] Vgl. [Wehr01, S. 288].
[140] Vgl. [Homb05, S. 446].

Die Definition der Projektziele stellt dafür den Ausgangspunkt für eine systematische Planung dar und dient gleichzeitig als Leitfaden für das Projekt.[141] Hierunter kann z. B. eine verbesserte Ausrichtung auf die kundenspezifischen Geschäftsprozesse und der Ausbau des Wissensmanagements und des Informationsflusses über den Kunden verstanden werden. Weiterhin muss sowohl die Zuordnung von Personalressourcen geklärt als auch ein Zeitplan für das Projekt und die Reihenfolge der Einführung erstellt werden. Ohne genaue Kenntnis der umzusetzenden Maßnahmen ist es schwierig, in dieser Projektphase einen Zeitplan aufzustellen. Jedoch sollte das Unternehmen sich zu diesem Zeitpunkt schon darüber einig sein, zu welchem Zeitpunkt hierüber eine Entscheidung fallen müsste.[142]

Eine genaue Planung, basierend auf der Frage „Was erwarte ich eigentlich von CRM", ist ebenso notwendig, da CRM-Projekte sehr umfangreich und teuer werden können. Dies wurde im Kapitel 5 als „Sollkonzept" definiert und erläutert. Denn die Unternehmen könnten Gefahr laufen, ein System zu kaufen, das Module enthält, die überflüssig sind und nicht gebraucht werden. Dadurch werden bei vielen Projekten die ursprünglich geplanten Kosten überschritten.[143]

6.3 Analysephase

In dieser Phase untersucht das Projektteam zuerst das Kundenpotenzial seiner Kunden.[144] Ferner werden der derzeitige Stand der Vertriebs- und Kundenprozesse, die Vertriebsorganisation und mögliche Schwachstellen dokumentiert, um sie in der späteren Konzeptionsphase als Ausgangsbasis berücksichtigen zu können. Vielfach hat sich gezeigt, dass ein Unternehmen nur dann in der Lage ist, den Unternehmenswert langfristig zu steigern, wenn es seine Kunden kennt, deren Verhalten beeinflussen und somit zielgerichtet in sie investieren kann.[145]

Doch wie können Kunden identifiziert bzw. wie kann der Wert einer Kundenbeziehung ermittelt werden? Hierfür wird zunächst eine allgemeine Definition des Kundenwertes vorangestellt: Der Wert eines Kunden ist die Summe aller monetären und nicht-monetären, qualitativen Wirkungen, die vom Kunden kommen und den Nutzen dieses Kunden für ein Unternehmen bestimmen.[146]

---

[141] Vgl. [Schu02, S. 126].
[142] Vgl. [Wehr01, S. 295].
[143] Vgl. [Wehr01, S. 291].
[144] Vgl. [Schu02, S. 126].
[145] Vgl. [Rapp02, S. 104].
[146] Vgl. [Gode03, S. 304–305].

Wie anhand der Definition erkannt werden kann, resultiert der Wert einer Kundenbeziehung nicht lediglich aus den zukünftig erzielten Umsätzen, sondern auch z. B. aus dem Weiterempfehlungsverhalten oder dem Informationspotenzial des Kunden. So sollte eine Kundenbeziehung trotz negativem Kosten-Nutzen-Verhältnis nicht beendet werden, da beispielsweise Synergieeffekte in der Art vorliegen könnten, dass bei Wegfall dieser Beziehung auch auf andere Kunden verzichtet werden muss.

Gemäß einer Studie von TOMCZAK und RUDOLF-SIPÖTZ hat es sich gezeigt, dass Unternehmen meist traditionelle Verfahren zur Kundenwertermittlung durchführen.[147] Dazu zählen vor allem die ABC-Analyse und die Kundendeckungsbeitragsrechnung. Dem gegenüber nutzen nur etwa zehn Prozent der befragten Unternehmen statistisch-mathematische Verfahren, wohingegen das Konzept des Customer-Lifetime-Value (CLV) nur bei knapp fünf Prozent aller Unternehmen zum Einsatz kommt. Dieses Ergebnis ist sehr erstaunlich, da mit traditionellen Ansätzen keine ausreichende Segmentierung erzielt werden kann, weil bei ihnen einerseits die tiefer gehenden Kenntnisse der Kundenprofitabilität und andererseits das Wissen über das Verhalten des Kunden und den Kundenprozess fehlen.[148] Ein ähnliches Ergebnis liefert eine Studie der Unternehmensberatung crossconsulting, bei der etwa 9 Prozent das CLV-Konzept nutzen.[149]

Angesichts der o. g. Verfahren wird der CLV-Ansatz als ein geeignetes Konzept zur Bestimmung des Kundenwertes vorgeschlagen. Der Vorteil dieser Methode wird darin gesehen, dass der CLV kein statischer Ansatz zur Kundenwertbestimmung ist, sondern dynamisch eine Bewertung vornimmt. Der Kundenwert stellt folglich keine Momentaufnahme (statische Betrachtung) dar, da Kundenbindung nicht konstant ist, auch wenn durchschnittliche Werte über mehrere Jahre geschätzt werden. Die Bedeutung des Kunden für ein Unternehmen wird erst durch Wiederholungskäufe über einen längeren Bindungszeitraum deutlich (dynamische Betrachtung).

Der CLV wird, wie bereits erwähnt, als der Wert eines Kunden über die gesamte Dauer einer Geschäftsbeziehung, d. h. die Summe des Vergangenheits- wie auch des Zukunftswerts, bestimmt. Jedwede dem Kunden zurechenbare Umsätze und Kosten (z. B. Nettoerlöse, Betreuungskosten) werden miteinander verrechnet. Die Überschüsse werden anschließend mit einem Diskontierungssatz auf das aktuelle Datum auf- bzw. abgezinst. Der Kundenwert bestimmt sich sodann als die Summe aus Vergangenheits- und Zukunftswert. Ferner wird

---

[147] Vgl. [Tomc03, S. 155 ff.].
[148] Vgl. [Rapp05, S. 79].
[149] Vgl. [Dien02].

ein Anwendungsproblem dieser Methode in der Aktualität der zur Berechnung notwendigen Informationen gesehen, so dass eine kontinuierliche Kontrolle unerlässlich ist.[150]

Die Auswahl des Diskontierungssatzes stellt dabei eine entscheidende Größe dar und muss folglich richtig kalkuliert werden. Ein falscher Zinssatz könnte zu einer Verzerrung in der Kundenbewertung führen, so dass sich hierdurch ein falscher Kundenwert ergeben könnte.

Demzufolge sollte parallel zum Kundenwert auch dem Zukunftswert des Kunden Aufmerksamkeit geschenkt werden. Durchaus gibt es Kunden mit einem hohen Kundenwert, deren zukünftiger aber sehr klein ist. Dies ist beispielsweise bei einer Verringerung der Abnahmemenge durch den Kunden der Fall. Die Betreuungskosten müssten gesteigert werden, übereilt wäre dieser Kunde nicht mehr profitabel genug. Hingegen könnte ein Kunde in der Vergangenheit auch einen geringen Kundenwert gehabt haben, in der Zukunft kann aber ein hoher Erlös mit diesem erwirtschaftet werden.

Die Ermittlung des Kundenwertes gestaltet sich schwierig, da Erwartungswerte und auch Schätzungen (z. B. Absatzmengen, Preise) eine Rolle spielen. Da der aufgezeigte Kundenwert rein messbare Bestimmungsgrößen enthält, genügt er allein keinem strategischen Anspruch. Aus diesem Grunde sollten auch so genannte Soft Facts Berücksichtigung im Kundenwert finden, wie der Multiplikatoreffekt eines Kunden, d. h., wie viele neue Kunden durch einen bestehenden generiert werden können. Auch der Zusammenarbeitseffekt kann sehr nützlich sein. Nicht nur der Kunde kann einen Nutzen ziehen, auch ein Unternehmen kann etwas von ihnen lernen.[151]

Kunden von heute erwarten, dass sich Unternehmen an die Kundenprozesse anpassen und nicht umgekehrt. Ein Unternehmen sollte daher exakt wissen, welche Produkte und Leistungen für den Kunden welchen Wert haben, um ein funktionierendes Beziehungsmanagement aufbauen zu können.
Ein Zusammenführen der Kunden- und Unternehmensprozesse bietet den Unternehmen die Chance, ein profit- und zukunftsorientiertes Verständnis für die wertschöpfenden Kundenprozesse zu entwickeln, seine Leistungen dementsprechend anzugleichen und durch eine enge Beziehung über den gesamten Lebenszyklus eines profitablen Kunden hinweg eine „Win-win-Situation" zu etablieren.[152]

---

[150] Vgl. [Wink05, S. 315] und [Acke01a, S. 60 ff.].
[151] Vgl. [Acke01a, S. 62-63].
[152] Vgl. [Rapp05, S. 102–103].

6.4 Konzeptionsphase

Der Schwerpunkt der Konzeptionsphase liegt in der Gestaltung der CRM-Prozesse auf Basis der Kundenprozesse. Diese Phase dient als Grundlage und Aufbau des zu implementierenden CRM-Systems.[153] Dabei muss für jede kundenseitige Aufgabe ein geeigneter CRM-Prozess modelliert werden, der die von der Aufgabe benötigten Leistungen erbringt. Beispielsweise könnte die Aufgabe im Kundenprozess „Bedürfnis wahrnehmen", die dazugehörige Aufgabe im CRM-Prozess z. B. „Werbematerial zusenden" lauten. Das Ziel ist darin zu sehen, sowohl Transparenz über die Strukturen der relevanten CRM-Prozesse zu erhöhen als auch die Prozesse zur Harmonisierung mit den Kundenprozessen und zur Vermarktung der neuen Marktleistungen weiterzuentwickeln. Ferner soll eine Bündelung zusammengehöriger Aufgaben und die Anbindung an die Backoffice-Prozesse herbeigeführt werden.[154]

Die Voraussetzung für die Gestaltung der Prozesse ist die Prozessorientierung des gesamten Unternehmens, d. h., alle Geschäftsvorfälle und Abläufe müssen definiert und beschrieben werden. Dabei sollten die Prozesse so strukturiert sein, dass sie den Wünschen der Kunden entsprechen, damit diese hieraus einen Nutzen ziehen können. Die notwendigen kundenspezifischen Informationen und die Kundenbedürfnisse wurden zu diesem Zweck bereits in der Analysephase ermittelt. Auf Basis der Erkenntnisse werden die einzelnen Unternehmensbereiche nun derartig umstrukturiert, dass sich jede Kundenbegegnung reibungslos in den Prozess des Kunden einsetzen lässt.[155]

Wie kann eine Gestaltung der CRM-Prozesse konkret aussehen? Zunächst werden unter Berücksichtigung der Prozessanforderungen die Geschäftsprozesse neu entwickelt. Daran anschließend müssen die CRM-Prozesse die einzelnen Kundenprozessleistungen verarbeiten und die notwendigen CRM-Prozessleistungen zur Unterstützung der Kundenprozesse bereitstellen. Bevor jedoch neue Prozesse implementiert werden können, ist sicherzustellen, dass die Kriterien der Zweckmäßigkeit und Wirtschaftlichkeit erfüllt sind. Anderenfalls muss eine Neuplanung bzw. Modifikation der Prozesse erfolgen. Dies kann zum Beispiel der Fall sein, wenn nur einzelne Abteilungen als Insellösungen miteinander verknüpft werden und außerhalb dieser Insellösungen die funktionalen Abteilungen erhalten bleiben. Sollten bei der CRM-Prozessentwicklung Aufgaben auftreten, die organisatorisch miteinander verknüpft werden können, findet eine Aufgabenbündelung statt. Abschließend werden die Back-Office-Prozesse an die geänderten CRM-Prozesse angebunden.[156]

---
[153] Vgl. [Schu02, S. 126].
[154] Vgl. [Schu02, S. 148 ff.].
[155] Vgl. [Rapp05, S. 147].
[156] Vgl. [Schu02, S. 150 ff.].

Hier gilt es zu berücksichtigen, dass die Gestaltung der Back-Office-Prozesse auf den unternehmensinternen Aufgaben des Kundenmanagements basieren, so dass Informationsflüsse und Workflows (Arbeitsabläufe) zu definieren sind, um die Sender-Empfänger-Beziehungen im Unternehmen optimieren zu können.[157]

Die Systemplanung ist ebenfalls ein Bestandteil der Konzeptionsphase. Wie bereits in Kapitel 5.2 beschrieben, gilt es zuerst ein Sollprofil für die Systemauswahl zu entwerfen. In diesem werden die „funktionalen, datenorientierten und technischen Anforderungen an ein einzuführendes CRM-Informationssystem zur Unterstützung der CRM-Prozesse" bestimmt. Des Weiteren ergeben sich Anforderungen aus der Nutzung der verschiedenen Kanäle, die noch zusätzlich bestimmt werden müssen.[158]

6.5 Umsetzungsphase

In dieser Phase werden die Gestaltung der CRM-Prozesse und die organisatorischen Veränderungen (Struktur- und Aufbauorganisation) realisiert, darauf aufbauend die Anpassung und Implementierung des Systems.[159] Hinzu kommen Tests und Datenübernahmen, so dass in einem weiteren Schritt das Programm mit unternehmensspezifischen Daten eingespielt werden kann. Nachdem alle notwendigen Vorbereitungen zur CRM-Implementierung getroffen wurden, kann mit der Pilotphase begonnen werden. Unter realen Bedingungen eines Tagesgeschäftes wird das CRM-System auf alle Funktionen getestet. Nach einem fehlerfreien Test kann der Roll-out[160] im Unternehmen gestartet werden.

Um eventuell auftretenden Problemen nach der erfolgreichen Implementierung entgegenzuwirken, sollte ein Change Management eingeführt werden, das nachfolgend näher erläutert wird.

6.6 Begleitendes Change Management

Mit der Implementierung eines CRM-Systems sind deutliche Veränderungen in der Unternehmensstruktur und den dazugehörigen Prozessen verbunden, so dass bekannte Arbeitsabläufe und Tätigkeiten umgestellt oder ergänzt werden müssen. Derartige Veränderungen stellen auch das Management vor eine schwierige Aufgabe, da letzten Endes die Absicht besteht, durch Strukturänderungen die Verhaltensweisen von Mitarbeitern zu verändern. Anhand vieler CRM-Projekte hat sich gezeigt, dass eine gelungene Einführung

---

[157] Vgl. [Helm03, S. 298].
[158] Vgl. [Schu01, S. 180 ff.].
[159] Vgl. [Schu02, S. 126].
[160] Unter dem Begriff „Roll-out" wird hier eine flächendeckende Einführung des Systems bei Anwendern bzw. Abteilungen verstanden.

hinsichtlich der Akzeptanz des Systems bei den Mitarbeitern von wesentlicher Bedeutung für den Erfolg des gesamten Projektes ist.[161]

Das „Gewohnheitstier" Mensch ist Veränderungen gegenüber in der Regel eher misstrauisch veranlagt. Das könnte damit zusammenhängen, dass Veränderungen mit der Unsicherheit über die Zukunft verknüpft sind und als Gefahren oder auch Risiken aufgefasst werden.

Durch ein begleitendes Change Management kann dieser Einstellung entgegengewirkt werden. Die Mitarbeiter werden frühzeitig auf die bevorstehenden Veränderungen durch umfassende Information vorbereitet. Ein Change Management mit diesem Charakter kann Informations- wie auch Schulungsmaßnahmen beinhalten. Damit kann den betroffenen Mitarbeitern die nötige Sicherheit für den Veränderungsprozess mitgeteilt werden. Je stärker diese Sicherheit ist, desto größer wird die Bereitschaft seitens der Mitarbeiter zu der bevorstehenden Veränderung sein. Wenn eine Bereitschaft für die Veränderung nicht erzeugt wird, können Widerstände seitens der Belegschaft hervorgerufen werden.
Eine frühzeitige Einbeziehung der Mitarbeiter ist daher notwendig, um einen möglichen Misserfolg zu vermeiden. Im Mittelpunkt aller Aktivitäten stehen hier sowohl Führungskräfte als auch Mitarbeiter, denn die tief greifenden Veränderungen sind von der Verhaltensänderung jedes Einzelnen abhängig. Die primäre Aufgabe des Change Management ist nicht, ein Scheitern des Projekts zu verhindern, sondern es soll dazu dienen, die Reibungsverluste bei der Implementierung zu minimieren.
Die Mitarbeiter dürfen das CRM-System nicht als Hindernis auffassen, das lediglich einen hohen Verwaltungsaufwand darstellt, sondern als System, welches die kundenbearbeitenden Stellen um administrative Aufgaben entlastet, damit sie sich selbst auf ihre Kernaufgaben konzentrieren können.[162]

Für den Implementierungserfolg des Systems stellt sich somit die entscheidende Frage, inwieweit es dem Unternehmen gelingt, auftretende Widerstände zu überwinden. Eine erfolgreiche Durchführung von Change Management erfordert Erfahrung, daher empfiehlt es sich, einen externen Berater für den Veränderungsprozess hinzuzuziehen. Der Berater kann dabei helfen, alle anstehenden Fragen oder Probleme gemeinsam mit dem Projektteam zu besprechen. Seine neutrale Stellung verhindert, dass Widerstände zu persönlichen Konflikten und zur Behinderung einer konstruktiven Zusammenarbeit werden. Er begleitet das gesamte Projekt auch nach einer CRM-Einführung hinaus.[163]

---
[161] Vgl. [Helm01, S. 24].
[162] Vgl. [Dang02, S. 16].
[163] Vgl. [Helm03, S. 307].

6.6.1 Mögliche Gründe für den Widerstand der Mitarbeiter

Gewöhnliche und unvermeidliche Begleiterscheinung von Veränderungsprozessen sind z. B. Widerstände oder Konflikte, die von Mitarbeitern hervorgerufen werden können. Die Implementierung eines CRM-Systems stellt einen solchen Veränderungsprozess dar. Im Alltag vieler Unternehmen lässt sich oftmals beobachten, wie diese eingeführten organisatorischen Veränderungen vonseiten der Mitarbeiter blockiert oder ausgebremst werden.[164]

Der Widerstand der Mitarbeiter resultiert häufig aus der Annahme, dass es keinen Anlass zu Veränderungen gibt. Es ist bekannt, dass Menschen dazu neigen, einmal eingeschliffene Gewohnheiten beibehalten zu wollen bzw. dass sich einmal gebildete Verhaltensgewohnheiten mit der Zeit zu Routinen ausformen und daher Widerstände entstehen lassen. Dieses Verhalten bringt es mit sich, dass die Veränderungen zunächst einmal mit Skepsis betrachtet oder von vornherein abgelehnt werden. Viele Mitarbeiter sehen ihre persönlichen Interessen verletzt, wenn vertraute Arbeitsabläufe oder Gewohnheiten in einem Unternehmen verändert werden. Der Widerstand selbst bezieht sich hierbei auf die Neuerungen, unabhängig davon, ob die Veränderungen gerechtfertigt sind und ob sie eventuell eine Arbeitserleichterung mit sich bringen.[165]

Die oft gehörten Äußerungen der Mitarbeiter in solchen Situationen sind: „Das haben wir bis jetzt immer so gemacht" oder „Dieselbe Situation hatten wir vor einigen Jahren gehabt und es hat damals schon nicht funktioniert". Diese Aussagen können ein typisches Indiz für so genannte Fachopponenten[166] sein, die weitestgehend in operativen Bereichen der Unternehmen und im Lower Management zu finden und auf Ängste in Bezug auf das zu implementierende CRM-System zurückzuführen sind. Diese Ängste sind zum Beispiel die Befürchtung der Überforderung aufgrund der aus den Neuerungen resultierenden Anforderungen, die Angst vor dem Verlust des Arbeitsplatzes bzw. dem Aufdecken von Schwachstellen oder die Angst vor der Kritik an der bisherigen Arbeitsweise.[167]

Durch diese Veränderungen besitzen die Mitarbeiter das Gefühl der Entwertung der bisherigen Arbeitsweisen, so dass die daraus resultierende Frustration häufig nicht ein vorwärtsstrebendes Suchen nach neuen Lösungen auslöst, sondern eine

---

[164] Vgl. [Fren00, S. 80].
[165] Vgl. [Schr00, S. 28 ff.].
[166] Vgl. [Schr00, S. 28 ff.].
[167] Vgl. [Helm03, S. 307].

rückwärtsgewandte Reaktion: ein Festklammern an alten Wegen oder eine heimliche Rückkehr zu dem Althergebrachten, wie es früher einmal galt.[168]

Ferner besitzen gerade fachlich qualifizierte Mitarbeiter einen großen Erfahrungsvorsprung, den sie im Laufe der Zeit aufgebaut haben und der sie gegenüber jüngeren Mitarbeitern auszeichnet. Diesen Erfahrungsvorsprung zu verteidigen und die Angst, den veränderten Arbeitsmethoden und Anforderungen nicht mehr gewachsen zu sein, führt ebenfalls häufig zu Widerstand.

Verlustängste, Versagensängste, Konfliktängste und Unsicherheit zählen zu den typischen Emotionen auf organisatorische Veränderungen, so dass es darüber hinaus zu Machtkämpfen zwischen den Mitarbeitern kommen kann. Diese Machtkämpfe finden sowohl bei jenen statt, die gerade jetzt in der Verantwortung stehen, die Veränderungen zu gestalten, als auch bei denen, die sich Hoffnungen machen, doch noch nach oben zu gelangen, und trotzdem befürchten müssen, bei dieser Gelegenheit endgültig im Aus zu landen. Dem Personenkreis, für den diese Ängste eine wichtige Rolle spielen, gehören Führungskräfte des Top-, Lower- und Middle-Managements an.

Es hat sich gezeigt, dass sich die Ängste der Mitarbeiter vor Verlust an Einflussmöglichkeiten meist darauf beziehen, auf eine unbedeutende Position im Unternehmen „wegbelobigt zu werden". Sie befürchten, Einfluss zu verlieren bzw. letzten Endes sogar entlassen zu werden.[169] Auch spielen fachliche Ängste eine besondere Rolle, da andere Kollegen möglicherweise einen höheren Wissensstand besitzen oder man im neu gestalteten Unternehmen den marktorientierten Anforderungen aufgrund mangelnder Kompetenzen nicht gerecht werden kann.[170] So wirkt es auf diese Mitarbeiter sehr bedrohlich, wenn das neu einzuführende CRM-System bestimmte Anforderungen beinhaltet, die diese Führungskräfte nicht besitzen.

6.6.2 Handlungsempfehlungen zum Abbau von Widerständen

Es hat sich gezeigt, dass unumgängliche Veränderungsprozesse, wie bei der Einführung eines CRM-Systems, nur dann wirksam werden können, wenn sie auch die einzelnen Mitarbeiter erreichen. Folglich ist ein stärkeres Engagement der Mitarbeiter an der Planung und Durchführung der Maßnahmen zur Veränderung von großer Bedeutung, so dass es zu einer fühlbaren Abnahme von Widerständen kommen kann. Dies kann bedeuten, dass die betroffenen Mitarbeiter rechtzeitig und umfassend informiert werden müssen und ihnen die

---
[168] Vgl. [Schr00, S. 29].
[169] Vgl. [Helm03, S. 310].
[170] Vgl. [Helm01, S. 27].

Möglichkeit gegeben wird, die Veränderungen aktiv mitzugestalten. Einige Mitarbeiter werden dadurch leistungsbereiter sein und übernehmen Verantwortung durch Selbstmotivation, indem sie die Veränderungen mittragen.[171]

Meistens trifft dies nur auf einen kleineren Teil der Mitarbeiter zu, da viele zum einen oft zu spät informiert werden und zum anderen, z. B. angesichts schlechter Erfahrungen aus der Vergangenheit, dem Wandel im Unternehmen skeptisch gegenüberstehen. Durchaus können Mitarbeiter zwar eine positive Einstellung zu einer CRM-Implementierung haben, doch beteiligen sie sich nicht aktiv an den Arbeiten des Informationsmanagements, da ein starker Gruppendruck seitens der anderen Kollegen ausgeübt wird. Der Erfolg der Implementierung könnte selbst noch zu dem Zeitpunkt gewährleistet werden, wo sich die Mehrheit der Mitarbeiter bereits innerlich gegen eine Implementierung von CRM ausgesprochen haben.

Die Minoritätstheorie aus der Sozialpsychologie kann dafür einen Ansatz liefern. Aus dieser Theorie folgt, dass meist große Gruppen von Mitarbeitern Einfluss auf kleine ausüben können, da sie in der Mehrzahl sind. Dieser Einfluss des Verhaltens der Mitarbeiter ist jedoch eher oberflächlicher Natur und beruht nicht auf interner Überzeugung. Das ist die Chance für das Management, das Steuer herumzureißen und die Meinung dieser Mitarbeiter in eine positive Richtung zu lenken. Herrscht eine einstimmige Ablehnung der CRM-Einführung in einem Unternehmen vor, könnte das Management zunächst die etwas jüngeren Mitarbeiter in persönlichen Einzelgesprächen zur Innovation ermutigen. Dadurch könnten sie eine klare Zusage an Unterstützung erhalten.[172]

Diese Mitarbeiter könnten nun als Promotoren die Einführung des CRM-Systems unterstützen, indem sie als Multiplikatoren den Informations- und Kommunikationsfluss im Unternehmen gewährleisten sollen.[173] Aufgabe der Promotoren könnte es demnach sein, den betroffenen Mitarbeitern die Ziele des Projektes näherzubringen und sie vom Sinn und Zweck zu überzeugen. Die beschriebenen Befürchtungen könnten beseitigt und berechtigte Sorgen oder Einwände an das Management weitergeleitet werden.[174]

Eine wichtige Voraussetzung für einen gelungenen Veränderungsprozess ist eine ausreichende Kommunikation auf allen Ebenen und über alle Informationsbereiche hinweg. Die Mitarbeiter sollen verstehen, dass eine Implementierung von CRM nicht zusätzlicher

---

[171] Vgl. [Oste02, S. 87].
[172] Vgl. [Wess01, S. 159–160].
[173] Vgl. [Helm01, S. 27].
[174] Vgl. [Helm03, S. 313].

Verwaltungsaufwand darstellt. Ein CRM-System sollte darauf hinwirken, kundenbearbeitende Stellen um administrative Aufgaben zu entlasten, damit diese sich stärker auf Kernaufgaben, die Kundenbindung, konzentrieren können.[175]

Die Förderung von Offenheit und Neugier in einem Unternehmen spielt ebenso eine wesentliche Rolle, damit im weiteren Integrationsprozess nicht die Vertrauensbasis zwischen Management und Mitarbeiter nachhaltig gestört wird. Die Unternehmensleitung sollte die Bereitschaft mitbringen, den Wandel vorzuleben und sich selbst zu verändern. Der direkte Dialog mit den Mitarbeitern dient darüber hinaus dazu, frühzeitig zu erfahren, wie der Prozess von den Mitarbeitern angenommen wird, wo sich eventuelle Widerstände aufbauen und wie sich die Mitarbeiter im Verlauf der Veränderungen fühlen.[176]

---

[175] Vgl. [Helm03, S. 303].
[176] Vgl. [Gatt00, S. 256 ff.].

7 Zusammenfassung

Unternehmen haben in der Vergangenheit selten die Bedeutung langfristiger und erfolgreicher Kundenbeziehungen erkannt, stattdessen haben sie sich stärker auf ihre Produkte und Dienstleistungen konzentriert, um auf dem Markt Erfolge verzeichnen zu können. In einer Umwelt, die sich durch turbulente Marktentwicklungen, hybrides Käuferverhalten sowie wachsenden Konkurrenzdruck auszeichnet, hat sich die Fähigkeit von Unternehmen, das Vertrauen und die Zufriedenheit der Kunden zu erhöhen sowie langfristig Kunden zu binden und erfolgreiche Geschäftsbeziehungen aufzubauen, zu einem wichtigen ökonomischen Erfolgsfaktor entwickelt. Kunden erwarten jeden Tag mehr von Unternehmen und zögern auch nicht, zur Konkurrenz zu wechseln.

Aus diesem Grund haben einige Unternehmen inzwischen erkannt, dass mit der Einführung durch ein Customer Relationship Management der Aufbau langfristiger und loyaler Kundenbeziehungen möglich ist, um darüber hinaus den Wert des einzelnen Kunden für ein Unternehmen zu steigern und letztendlich den Gewinn zu erhöhen. Hierzu sind allerdings zum einen eine kundenorientierte Ausrichtung des Unternehmens und zum anderen ein strategisch ausgerichtetes CRM-System nötig, um alle Unternehmensbereiche des Kundenkontaktes, vor allem Marketing, Vertrieb und Service, zusammen zu führen.

In diesem Zusammenhang ist ebenfalls deutlich geworden, dass es auch viele Gründe für ein mögliches Scheitern von CRM-Systemen gibt. So können Probleme mit der Integration und mangelndem Integrations-Know-how oder Mitarbeiterakzeptanz auftreten. Werden all diese eliminiert, ist eine langfristige und erfolgreiche Gestaltung der Kundenbindung durch ein CRM-System noch nicht garantiert. Dafür wurde ein Sollprofil entwickelt, um die notwendigen Anforderungen für die Auswahl eines strategischen CRM-Systems aufzuzeigen. Dem Leser sollte auf diese Weise vermittelt werden, dass eine Vielzahl der CRM-Systeme auf dem Markt zwar bei der Automatisierung und Datenverwaltung weiterhelfen können, jedoch nicht bei der strategischen Gestaltung der Beziehungen zu den Kunden. Den Blickwinkel nur auf Technologien und Prozesse auszurichten, ist dabei nur ein – und zwar der einfachste – Teil der Aufgabenstellung für die Hersteller.

Mit Hilfe des im letzten Kapitel vorgestellten Phasenmodells wurde dem Leser ein Leitfaden an die Hand gegeben, mit dem ein gezieltes Vorgehen im Rahmen eines Einführungsprozesses von CRM möglich ist. Hierbei ist deutlich geworden, dass die ganzheitliche Einführung eines CRM-Systems als strategisches Projekt angegangen werden muss, das die zukünftige Ausgestaltung der Kundenbeziehung und der Marktbearbeitung bestimmt. Ein solcher Prozess erfordert darüber hinaus nicht nur organisatorische Veränderungen im Unternehmen, sondern auch das Umdenken der Mitarbeiter. Dies macht ein entsprechendes Change Management erforderlich.

Die Zusammenführung und Nutzung des verfügbaren Wissens über den einzelnen Kunden, seine Umwelt, seine Bedürfnisse und Neigungen sind der strategische Wettbewerbsvorteil, der mit dem Customer Relationship Management erlangt werden kann, um dem verschärften Wettbewerb in globalen Märkten und dem zunehmenden Umsatzrückgang gerecht zu werden.

Literaturverzeichnis

Bücher

[Acke01a] Ackerschott, Harald,
Strategische Vertriebssteuerung.
Instrumente zur Absatzförderung und
Kundenbindung,
3. Aufl., Wiesbaden 2001.

[Acke01b] Ackerschott, Harald,
Wissensmanagement für Marketing und
Vertrieb,
1. Aufl., Wiesbaden 2001.

[Bach00] Bach, V.; Gronover, S.; Schmid, R.;
Customer Relationship Management: Der
Weg zur profitablen Kundenbeziehung.
In: Österle, H.; Winter, R. (Hrsg.):
Business Engineering - Auf dem Weg
zum Unternehmen des
Informationszeitalters,
1. Aufl., Heidelberg 2000.

[Bruh05] Bruhn, Manfred; Christian Homburg
(Hrsg.)
Handbuch Kundenbindungsmanagement.
Strategien und Instrumente für ein
erfolgreiches CRM,
5. Aufl., Wiesbaden 2005.

[Cham99] Chamoni, Peter,
Analytische Informationssysteme.
Business Intelligence-Technologien und –
Anwendungen,
2. Aufl., Heidelberg 1999.

[Dang02] Dangelmaier, Wilhelm; Uebel, Matthias
F.; Helmke, Stefan,
Grundrahmen des Customer Relationship
Management-Ansatzes.
In: Uebel, M.-F.; Helmke, S.;
Dangelmaier, W. (Hrsg.): Praxis des
Customer Relationship Management:
Branchenlösungen und
Erfahrungsberichte,
1. Aufl., Wiesbaden 2002.

[Dill05] Diller, Hermann; Haas, Alexander;
Ivens, Björn,
Verkauf und Kundenmanagement:
Eine prozessorientierte Konzeption,
1. Aufl., Stuttgart 2005.

[Ditt02] Dittrich, Sabine,
Kundenbindung als Kernaufgabe im
Marketing: Kundenpotentiale langfristig
ausschöpfen,
2. Aufl., St. Gallen 2002.

[Fren00] Frenzel, Karolina; Müller, Michael;
Sottong, Hermann,
Das Unternehmen im Kopf – Schlüssel
zum erfolgreichen Change-Management,
1. Aufl., München Wien 2000.

[Gatt00] Gattermayer W.; Neubauer, R.-M.,
Change Management zur Umsetzung von
Strategien,
In: Hinterhuber, H.-H.; Friedrich, S.; Al-
Ani, A.; Handlbauer, G. (Hrsg.):
Das neue strategische Management:
Perspektiven und Elemente einer
zeitgemäßen Unternehmensführung,
2. Aufl., Wiesbaden 2000.

[Geor05] Georgi, Dominik,
Kundenbindungsmanagement im
Kundenbeziehungslebenszyklus.
In: Manfred Bruhn; Christian Homburg
(Hrsg.): Handbuch Kundenbindungs-
management. Strategien und Instrumente
für ein erfolgreiches CRM,
5. Aufl., Wiesbaden 2005.

[Gode03] Godefroid, Peter,
Business-to-Business-Marketing,
3. Aufl., Ludwigshafen 2003.

[Helm01] Helmke, Stefan; Dangelmaier, Wilhelm,
Marktspiegel Customer Relationship
Management:
Anbieter von CRM-Software im Vergleich;
1. Aufl., Wiesbaden 2001.

[Helm03] Helmke, Stefan; Dangelmaier, Wilhelm,
Ganzheitliches CRM-Audit als Basis einer
erfolgreichen Einführung von CRM
In: Helmke, Stefan; Uebel, Matthias F.;
Dangelmaier, Wilhelm,
Effektives Customer Relationship
Management. Instrumente -
Einführungskonzepte – Organisation,
3. Aufl., Wiesbaden 2003.

[Hilm01] Hilmer, Karin El; Klem, Cornelia,
Marketing Intelligence. Lösungen für
Kunden- und Kampagnenmanagement,
1. Aufl., Bonn 2001.

[Hipp02] Hippner, H.; Wilde, K. D.,
CRM – Ein Überblick.
In: Helmke, Stefan; Uebel, Matthias F.;
Dangelmaier, Wilhelm,
Effektives Customer Relationship
Management. Instrumente -
Einführungskonzepte – Organisation,
2. Aufl., Wiesbaden 2002.

[Hipp04] Hippner, Hajo; Wilde, Klaus D.,
Grundlagen des CRM. Konzepte
und Gestaltung,
1. Aufl., Wiesbaden 2004.

[Hipp06] Hippner, Hajo; Wilde, Klaus D.,
Grundlagen des CRM. Konzepte
und Gestaltung,
2. Aufl., Wiesbaden 2006.

[Holl01] Holland, Heinrich; Huldi, Christian;
Kuhfuß, Holger; Nitsche, Martin,
CRM im Direktmarketing. Kunden
gewinnen durch interaktive Prozesse,
1. Aufl., Wiesbaden 2002.

[Holl04] Holland, Heinrich; Huldi, Christian;
Kuhfuß, Holger; Nitsche, Martin,
Direktmarketing,
2. Aufl., Wiesbaden 2004.

[Homb03] Homburg, Christian; Krohmer, Harley,
Marketingmanagement.
Strategie - Instrumente – Umsetzung,
1. Aufl., Mannheim 2003.

[Homb05] Homburg, C.; Sieben, F.-G.,
Customer Relationship Management
(CRM)-Strategische Ausrichtung statt IT-
getriebenem Aktivismus
In: Bruhn, M.; Homburg, C. (Hrsg.):
Handbuch Kundenbindungsmanagement:
Strategien für ein erfolgreiches CRM,
5. Aufl., Wiesbaden 2005.

[Jako01] Jakobitsch, Günther,
Database Marketing. Der Schlüssel zum
Kunden,
1. Aufl., Bern 2001.

[Kehl01] Kehl, R.; Rudolph, B,
Warum CRM-Projekte scheitern
In: Link, Jörg, (Hrsg.) CRM: Erfolgreiche
Kundenbeziehungen durch integrierte
Informationssysteme,
1. Aufl., Berlin, Heidelberg 2001.

[Kotl01] Kotler, Philip; Bliemel, Friedhelm, Marketing-Management. Analyse, Planung und Verwirklichung, 10. Aufl., Stuttgart 2001.

[Lust02] Lusti, Markus, Data Warehouse und Data Mining. Eine Einführung in entscheidungsunterstützende Systeme. 2. Aufl., Heidelberg 2002.

[Matz03] Matzler, Kurt; Stahl, Heinz K.; Hinterhuber, Hans H., Die Customerbased View der Unternehmung. In: Hinterhuber, Hans H., Matzler, Kurt (Hrsg.): Kundenorientierte Unternehmensführung. 4. Aufl. Wiesbaden 2004.

[Meff00] Meffert, Heribert, Marketing. Grundlagen marktorientierter Unternehmensführung, 9. Aufl., Wiesbaden 2000.

[Meff05] Meffert, Heribert, Kundenbindung als Element moderner Wettbewerbsstrategien. In: Manfred Bruhn; Christian Homburg (Hrsg.): Handbuch Kundenbindungsmanagement, 5. Aufl., Wiesbaden 2005.

[Oste02] Osterhold, Gisela, Veränderungsmanagement: Wege zum langfristigen Unternehmenserfolg, 2. Aufl., Wiesbaden 2002.

[Rapp02] Raab, Gerhard; Lorbacher, Nicole, Customer Relationship Management: Aufbau dauerhafter und profitabler Kundenbeziehungen, 1. Aufl., Heidelberg 2002.

[Rapp05] Rapp, Reinhold, Customer Relationship Management. Das Konzept zur Revolutionierung der Kundenbeziehung, 3. Aufl., Frankfurt 2005.

[Rein03] Reinke, H.; Bruch, R., Der Partner Kunde – CRM mit Intrexx: Voraussetzungen, Strategien und Vorteile eines Customer Relationship Managements mit Intrexx.

[Schr00]   1. Aufl., Hamburg 2003.

[Schr00]   Schreyögg, Georg,
Neuere Entwicklungen im Bereich des organisatorischen Wandels
In: Busch, R. (Hrsg.) Change Management und Unternehmenskultur,
1. Aufl., München 2000.

[Schu02]   Schulze, Jens,
CRM erfolgreich einführen,
1. Aufl., Berlin, Heidelberg 2002.

[Stau05]   Stauss, Bernd,
Kundenbindung durch Beschwerdemanagement.
In: Manfred Bruhn; Christian Homburg (Hrsg.): Handbuch Kundenbindungsmanagement,
5. Aufl., Wiesbaden 2005.

[Steng01]   Stengl, B.; Sommer, R.; Ematinger, R.,
CRM mit Methode – Intelligente Kundenbindung in Projekt und Praxis mit iCRM.
1. Aufl., Bonn 2001.

[Tomc97]   Tomczak, Torsten; Dittrich, Sabine,
Erfolgreich Kunden binden. Eine kompakte Einführung,
1. Aufl., Zürich 1997.

[Tomc03]   Tomczak, T.; Rudolf-Sipötz, E.,
Bestimmungsfaktoren des Kundenwertes, Ergebnisse einer branchenübergreifenden Studie.
In: Günter, B.; Helm, S. (Hrsg.) Kundenwert: Grundlagen – Innovative Konzepte – Praktische Umsetzungen,
2. Aufl., Wiesbaden 2003.

[Wehr01]   Wehrmeister, Dierk,
Customer Relationship Management: Kunden gewinnen und an das Unternehmen binden,
1. Aufl., Köln 2001.

[Wess01]   Wessling, Harry,
Aktive Kundenbeziehungen mit CRM: Strategien, Praxismodule und Szenarien,
1 Aufl., Wiesbaden 2001.

[Wild03]   Wilde, K., Hippner, H.,
CRM – Ein Überblick.
In: Helmke, S., Dangelmaier, W. (Hrsg.), Helmke, S.; Uebel, Matthias F.;

	Dangelmaier, Wilhelm, Effektives Customer Relationship Management. Instrumente - Einführungskonzepte – Organisation, 3. Aufl., Wiesbaden 2003.
[Wink04]	Winkelmann, Peter, Marketing und Vertrieb. Fundamente für die Marktorientierte Unternehmensführung, 4. Aufl., München 2004.
[Wink05]	Winkelmann, Peter, Vertriebskonzeption und Vertriebssteuerung. Die Instrumente des integrierten Kundenmanagements (CRM), 3. Aufl., München 2005.

Lexika

[Dude04]	Duden, die deutsche Rechtschreibung, 23. Aufl., Mannheim 2004.
[Schn05]	Lexikon der Betriebswirtschaft : 3500 grundlegende und aktuelle Begriffe für Studium und Beruf / Hrsg. von Ottmar Schneck. Mit Beitr. von Ottmar Schneck – Original Ausgabe, 6. Aufl., München 2005.

Internetquellen

[Acke06]
Harald Ackerschott
http://xcnet.de/projekte/xnetcreate.de_v2/pics/kunden/dateimanager/45/CRM-Syst.pdf (Stand 26.06.2006).

[Boer06]
Börsenlexikon der Faz.Net
http://boersenlexikon.faz.net/cashflow.htm
(Stand 20.06.2006).

[Codd93]
E.F. Codd, S.B. Codd and C.T. Salley
http://dev.hyperion.com/resource_library/white_papers/providing_olap_to_user_analysts.pdf
(Stand 18.04.2006).

[CRM06]
F&P GmbH - FEiG & PARTNER
http://www.crmmanager.de/ressourcen/glossar_247_cl_closed_loop.html
(Stand 02.07.2006).

[DDV06] Dialogmarketing
Deutscher Direktmarketing Verband e.V.
http://www.ddv.de/unsere_aufgaben/index_unsere_aufgaben_councils-crm.html
(Stand 20. März, 2006).

[Dien02]
Michael Dienes
http://www.lexonline.info/lexonline2/live/professional/index_0.php?lid=90&productActiveArtnr=05449&xid=17826&link=ar
(Stand 08.06.2006).

[FAZ05]
Christiane Habermalz
http://www.faz.net/s/RubC04145822B794FD59CBBC4D2C39CF75A/Doc~E0302234350D74C6591E84B8D46272057~ATpl~Ecommon~Scontent.html
(Stand 28.05.2006)

[Ilti00]
Fa. Iltis
http://www.4managers.de/fileadmin/4managers/folien/crossselling_01.pdf
(Stand 19.06.2006).

[Mark03]
Dr. Markus Mierzwa
http://www.im-marketing-forum.de/zeitschriften/pdf/down_2003-02_a.pdf
(Stand 20.05.2006)

[Mart06]
Dr. Wolfgang Martin
http://www.competence-site.de/crm.nsf/0/ffac1c85d1d75507c125699d0033bd4d?OpenDocument
(Stand 15.04.2006).

[Medi06]
Europäisches Zentrum für Medienkompetenz GmbH
http://www.media.nrw.de/medienkompetenz/imblickpunkt/themen/opensource/02_mitbasteln.php
(Stand 13.04.2006).

[Pac06]
Marianne Proksch, Pierre Audoin Consultants
http://www.pac-online.com/pictures/Germany/Press%20Releases/2005/11_CRM_MPR.pdf
(Stand 13.04.2006).

[Sale06]
salesBusiness, Auflistung einiger CRM Anbieter
http://www.salesbusiness.de/cgi-bin/branchenindex.pl?sel_hits=30&company=&city=&zip=&match=all&submit=Suche+starten&action=show&sid=&site=sb&lng=de&alloc=3
(Stand 29.04.2006).

[SAP06]
SAP AG
http://help.sap.com/saphelp_nw04/helpdata/de/0f/25fc3f8fc2c542e10000000a1550b0/content.htm
(Stand 18.06.2006).

[Saxx06]
Henning Croissant
http://www.saxxess.com/news/aktuell/6767.jsp
(Stand 26.03.2006).

[Serv06]
Serviceplan
http://www.serviceplan.de/studien/sp-one-to-one-marketing.pdf
(Stand 07.04.2006).

Zeitschriften

[HBM00].
Prof. Christian Homburg
Harvard Business Manager (06/2000) Cross Selling: Aus der Kundenbeziehung mehr herausholen, S. 35 ff.

[Sale00]
Dr. N. Beutin, Dipl.-Kfm. H.Schäfer
Sales Profi, (11/2000) Cross-Selling. Verdienen mit Zusatzgeschäften; S. 20 ff.